W0376199

Pour Philippe et Joëlle

En souhaitant vous faire voyager

au cœur de **L'ASSAUT** du GIGN.

Avec toute ma sympathie

Roland Môntins

Roland Môntins
en collaboration avec Gilles Cauture

L'ASSAUT

Les Éditions des Riaux

Mise en page : Betty Daniel

Schémas : Émeline Garet

Photos de couverture : © Agence Gamma

ISBN : 2-84901-063-4

Préfaces

Christian Prouteau, fondateur du GIGN

Denis Favier, commandant le GIGN lors de l'opération de Marignane

L'aventure des hommes n'est jamais aussi belle que lorsqu'elle est racontée par ceux qui l'ont vécue... Il ne reste souvent de leur épopée que la relation factuelle par les médias d'un événement dramatique dont on oublie très vite qu'il a mis en jeu la vie de ses acteurs. Puis le fait passant dans « l'Histoire » on ne retiendra au mieux de lui qu'un nom de lieu... Quant à ceux qui l'ont vécu ils rejoignent la cohorte des héros anonymes qui ont payé de leur sang leur engagement et disparaissent une deuxième fois, dans l'oubli... Leurs témoignages sont d'autant plus précieux qu'ils sont rares et ils apportent ce regard de l'intérieur de l'événement sans lequel on ne peut comprendre ce qui les fait avancer.

Le GIGN, créé en 1973 après la mort des athlètes israéliens pris en otage par un commando palestinien aux Jeux Olympiques de Munich, pour lutter contre les actions terroristes, a marqué de son image les trente dernières années de notre époque. Derrière ce nom porté par trois cents hommes depuis l'origine, sans le courage et la volonté desquels rien n'aurait été possible se cache la question à laquelle il n'est pas simple de répondre : pourquoi ? Une partie de la réponse est dans ce livre.

Ma route a croisé celle de Roland pour ma dernière cérémonie de remise de brevet au GIGN. Après une sélection rigoureuse et presque un an de formation difficile je lui remettais le N°77. Rapidement il est soumis à l'épreuve du feu comme en novembre 1985 dans une opération particulièrement difficile qui le marquera. En juin 1989 il désarme un preneur d'otage, action dangereuse qu'il renouvellera trois fois dans la droite ligne du principe du respect de la vie fondamental au GIGN... Malgré la rigueur de l'entraînement du groupe il s'est fixé des défis privilégiant des épreuves où il montrera l'étendue de son potentiel comme par exemple les championnats du monde de triathlon ou de « force athlétique ». Durant toutes ces années son calme, sa gentillesse, sa disponibilité, mais surtout sa capacité opérationnelle et son courage font l'unanimité, ce qui naturellement le conduira à prendre le commandement d'un groupe d'intervention.

Douze ans après son entrée au GIGN, il est blessé, à la tête de son unité, dans une des opérations qui a le plus marqué la lutte contre le terrorisme.

En racontant les heures qui ont entouré ce jour, Roland nous fait vivre à côté de ceux qui sont prêts à donner leur vie pour aller jusqu'au bout de leur engagement avec les mots justes, une histoire d'homme où « je » n'a pas sa place, racontée avec « nous »...

Son regard fait entrer dans le monde si particulier de l'intervention où l'on n'est rien sans l'autre alors que paradoxalement, l'action d'un seul peut tout changer. C'est ce que l'on comprend à la lecture de la part prise par Thierry P. qui a tant souffert de ses blessures, et ce récit est le plus bel hommage qui pouvait lui être rendu.

Au mois de février 1995, j'assiste avec émotion à la cérémonie où la Nation témoigne sa reconnaissance au GIGN dans la salle des fêtes de l'Élysée ; le Président de la République, François Mitterrand épingle sur la poitrine de Roland, à l'endroit où un peu plus de douze ans plus tôt j'avais accroché son brevet, la médaille Militaire...

Il est parfois possible de douter. Roland et les hommes qui ont fait « l'Assaut » avec lui permettent d'espérer.

Le 10 avril 2007,
Christian Prouteau
Fondateur du GIGN (1973-1983)

Aéroport de Marseille-Marignane le 26 décembre 1994, le GIGN monte à l'assaut d'un Airbus de la compagnie Air France.

Les images ont fait le tour du monde, faisant parfois oublier que des hommes sont au cœur du drame qui se dénoue.

D'un côté, les otages, confrontés depuis plus de 54 heures à la violence aveugle, et de l'autre, les gendarmes du GIGN qui vont tout donner pour résoudre une crise d'une rare intensité.

Parmi ces spécialistes des interventions sensibles, Roland Môntins, figure incontestée du GIGN.

Ce gradé supérieur a rencontré dans sa carrière les situations opérationnelles les plus tendues. Il a toujours su y faire face, témoignant d'un courage et de capacités peu ordinaires. Mais ce qu'il va vivre, le 26 décembre 1994, dépasse de très loin ce qu'il pouvait imaginer jusqu'alors.

Engagé dans cette opération lourde, il en a été, à la fois, un acteur déterminant et un observateur privilégié. Il est, en effet, un des rares à avoir personnellement suivi toute l'action, de la réception de l'alerte à l'assaut terminal, au cours duquel il a été blessé.

Son récit, simple et poignant, est frappé au sceau de la sincérité. Il porte un éclairage direct sur l'opération telle qu'elle a été vécue par les hommes du GIGN et permet de mieux comprendre le sens de leur engagement.

L'assaut du GIGN ne peut pas être réduit à une action d'éclat menée par des hommes surentraînés.

Ce drame a marqué profondément tous ceux qui l'ont traversé.

En évoquant l'intimité opérationnelle du GIGN, Roland Môntins décrit remarquablement l'intensité des sentiments que suscitent toutes les situations extrêmes. Il souligne aussi précisément ce qui fait la force de l'unité : la qualité des hommes et la force du collectif qui les unit.

Courage, générosité et abnégation sont les valeurs qui animent les gendarmes du GIGN. La peur ne les épargne pas mais ils vont trouver la force d'aller au bout d'eux-mêmes pour libérer les otages et faire triompher la vie. Profondément unis et portés par la mission, ils sont prêts à tout donner pour des femmes et des hommes qu'ils ne connaissent pas.

Merci à Roland Môntins de son témoignage.

Ceux qui ont été engagés avec lui sur l'opération de Marignane y seront sensibles. Ce livre est aussi destiné à rendre à tous, en particulier à ceux qui ont souffert, l'hommage qu'ils méritent.

Colonel Denis Favier
Commandant le GIGN sur l'opération de Marignane

Ce livre est dédié à tous les gendarmes du GIGN qui ont donné leur vie en missions et au cours d'entraînements, avec une pensée particulière pour...

Éric ARLECCHINI et Antonio CAPOCCELLO, présents lors de l'intervention sur l'Airbus à Marignane, partis trop tôt au cours d'une plongée, en décembre 1996.

Tous les membres du GIGN, ayant participé à l'opération du 26 décembre 1994. À chacun d'entre eux, une part du succès de la libération des 173 otages leur est acquise à vie.

Tous les anciens qui ont su transmettre leur savoir-faire pour que le GIGN soit aujourd'hui, trente-trois ans après sa création, l'unité d'intervention la plus reconnue et copiée.

Sans oublier les épouses, les enfants, les familles, les amis qui ont partagé nos joies et nos peines, tout au long de nos carrières.

Prologue

Aéroport de Marignane – 17 h 12

Onze silhouettes en combinaison bleu nuit se découpent sur la paroi concave du blanc fuselage. Sourd cliquetis de poignées. Bruit mat d'une porte qui se cale en coulissant. Dès lors qu'elle est franchie, en une fraction de seconde, disparaît le ronronnement du moteur de la passerelle.

Dedans, la vue s'accoutume à la lumière diffuse et répartie des rampes de néons. Et celle plus agressive et directe des spots de lecture qui croisent leurs faisceaux. Sur les rangées de sièges, des mouvements de surprise. Des cris de panique. Et des ordres hurlés pour dominer celle-ci. Une odeur viciée d'air non renouvelé. Des effluves de peur sur des larmes d'angoisse. Silhouettes fantômes de passagers aux visages dont les traits sont ceux de la terreur.

Les cœurs dans nos poitrines cognent comme des poings frappés. Le long tube cylindrique, aux hublots opaques car condamnés, dégage une atmosphère de funèbre veillée. Parcourir l'allée jusqu'à l'affrontement. Couloir sans fin à remonter. Rendu plus étroit encore par une vision réduite par le stress. Le sol paraît mou et les appuis fuyants. Respiration bloquée. Progression en apnée. Nos regards qui fouillent les rangées. Croisant ceux, affolés, des otages qui se tassent. Les voix qu'on n'entend plus. Et jusqu'au son des balles, une courte zone de silence traversée rapidement.

Puis de fines particules qui tombent du plafond. Rideaux de pellicules filtrant des bruits très secs. Claqués. Doublés et répétés. Et de plus en plus nets au fur et à mesure de l'avancée du groupe. Ces notes meurtrières prennent le relais des cris qui s'atténuent. L'odeur âcre de munitions tirées se mêle à l'air vicié. Et comme en suspension, un léger voile de brouillard de poudre. Toujours les sons, distincts maintenant, de rafales d'armes automatiques qui résonnent de plus en plus fort. Tirées dans notre direction. Et face auxquelles il faut poursuivre la progression. Les sièges qui bougent, frappés régulièrement par les balles perdues. Impacts de tirs tendus, fréquents, aveugles. Des bruits divers se mêlent. Un « tac à tac » très sec. Sinistres claquements.

Dans l'approche finale, sur les derniers mètres, tout s'intensifie. Un enfer de feu s'abat. Dans un volume compact aux contours réduits, les tirs s'échangent presque à bout portant. Devant, un étroit couloir, d'où régulièrement jaillissent des gerbes de flammes du canon d'un fusil de guerre. Les sifflements des balles meurtrières d'une Kalachnikov AK 47. Doublées du son plus aigu d'un pistolet-mitrailleur sous les rafales duquel se déchirent les cloisons. Face au déluge de feu provenant de la sombre cabine, les points rouges des lasers permettent de précises répliques. Tirs croisés dans les faisceaux des torches allumées.

Respirations courtes et saccadées. Le cœur qui tambourine au rythme des coups de feu. L'un d'eux arrache un cri en même temps qu'il explose une main. Puis un tir à l'aveugle atteint le bras d'un autre. Une deuxième balle de la même rafale lui projette des éclats métalliques au visage. L'odeur et la couleur du sang se mêlent au décor. Les corps offerts en boucliers humains, faisant écran pour les otages, ont tous été touchés. Un homme à la combinaison bleu nuit gît là, face contre terre, et baigne dans son sang.

Nos tirs précis et appliqués répondent aux balles lâchées sans viser. Une guerre confinée dans un espace réduit où les échanges se font à moins de cinq mètres les uns des autres. Des morceaux de paroi comme des pièces de monnaie se détachent sous les impacts. Des rampes lumineuses explosent, également atteintes par les tirs adverses. Les dossiers tremblent et se déchirent. Entre les rangées, les otages, apeurés et muets, rampent vers l'arrière. Des pleurs ont remplacé leurs cris.

Les détonations claquent et résonnent dans ce volume fermé où le temps concentré semble être au ralenti. À peine une poignée de secondes depuis que la porte s'est effacée sur ce dramatique décor. Et dans l'étroit cockpit, trois personnes retenues par quatre terroristes qui ne cessent de tirer vers les cent soixante-huit passagers que nous devons sauver.

Dehors, la lueur du jour a décliné très vite. Le ciel s'est entretemps chargé de tons gris sombre. Le soir a déposé une ambiance pesante sur l'avion garé là. Et la nuit rajoute de la noirceur au drame qui se déroule à l'intérieur.

Je m'appelle Roland Môntins. J'ai quarante et un ans. J'appartiens au GIGN depuis douze années. J'y occupe la fonction de chef de groupe. En ce lendemain de Noël et au fur et à mesure de l'avancée de cette journée, j'ai perçu ce que pourraient augurer les événements de ces dernières heures et la marque qu'ils graveraient en moi à tout jamais. À cet instant précis, je vis le moment le plus dur, le plus intense, le plus périlleux de ma vie qui aboutira au plus beau jour de toute ma carrière de gendarme.

I

Samedi 24 décembre 1994 – 11 heures – Aéroport d'Alger

L'embarquement sur le vol AF 8969 touche à sa fin. Les derniers passagers sont guidés et placés par le personnel d'Air France à bord de l'Airbus dont le décollage est annoncé à 11 h 15 pour rallier l'aéroport d'Orly-sud où son atterrissage est prévu à 13 h 25.

À hauteur de la deuxième porte située sur l'avant gauche de l'appareil, une échelle est placée par laquelle quatre hommes se présentent à l'équipage. Chemises blanches, cravates et pantalons bleu marine, ils arborent, sur leurs vestes sombres, des badges aux couleurs du drapeau algérien sur lesquels apparaissent leurs photos. Ils s'identifient, auprès du personnel, comme des policiers désirant vérifier les passeports des passagers. Trois d'entre eux s'affairent immédiatement à cette tâche tandis que le responsable se dirige vers le cockpit pour informer le pilote du contrôle qu'ils sont en train d'effectuer.

– Bonjour mon commandant, entame l'homme très poliment. Nous sommes de la Police Spéciale de la Présidence. Nous faisons une vérification des documents d'identité.

– Très bien, répond le commandant de bord après avoir détaillé le badge de son interlocuteur, je vais vous accompagner.

– Merci, ne vous donnez pas cette peine. Nous n'en avons que pour quelques instants.

Une fois son visiteur sorti du cockpit, le pilote poursuit donc les opérations qu'il se doit de réaliser avant tout décollage. Au bout de quelques minutes, il s'assure que les quatre hommes sont toujours à bord. L'opération de contrôle des passeports est en cours et se déroule dans le calme.

Trente minutes après le début de la vérification des identités, le responsable des policiers fait de nouveau son apparition dans la cabine de pilotage. Il tient, dans sa main droite, un pistolet automatique.

– Nous sommes des moudjahidin, dit-il très calmement au commandant de bord. Vous savez ce que c'est des moudjahidin ?

Il est 11 h 30. Sur l'aéroport Houari Boumediene, les passagers et les membres d'équipage du vol Alger-Paris AF 8969 sont pris en otage.

Samedi 24 décembre 1994 – 11 heures – Caserne Pasquier – Versailles-Satory

H moins 54 heures et 10 minutes

– Putain de béquilles !

Je m'en débarrasse en les déposant contre le montant de la porte du gymnase, ridicules sentinelles métalliques élancées semblant veiller dès lors sur l'entrée. Je traverse lentement la salle en traînant légèrement la jambe, pour aller déposer une serviette ainsi qu'une bouteille d'eau au pied du banc de développé-couché. Quelques circumductions, mouvements et étirements feront mon échauffement avant que je commence la séance de montée de barres que je me suis programmé. Les charges que j'ai prévues sont relativement légères pour ne pas contrarier la cicatrisation interne de ma jambe droite maintenue dans un bas de contention.

Dix jours plus tôt, le docteur D. m'avait rassuré quant au bon déroulement des suites de l'opération que j'avais subie pour me faire retirer la saphène de la jambe droite.

– Durant douze à quinze jours, il te faudra user de béquilles pour te déplacer, m'avait-il indiqué avant de me tendre une ordonnance qu'il avait griffonnée et signée de pattes de mouches illisibles.

Le fait de ne pouvoir le lire révélait donc un vrai médecin. Puis il s'était rassis derrière son bureau pour de nouveau écrire quelques mots, « à l'attention de tes chefs » avait-il rajouté en souriant.

– Je leur signifie que tu dois bénéficier de trois semaines de convalescence. C'est le tarif syndical pour ce type d'opération, plaisanta-t-il. Du coup, tu vas passer Noël et Nouvel An au chaud. Ça n'a pas dû t'arriver souvent !

Je m'entendis lui répondre qu'en dix-sept ans, je n'avais jamais connu cela. Et j'avais enchaîné :

– J'en connais une qui va être contente. Il y a longtemps qu'elle avait fait une croix sur les deux réveillons à passer ensemble.
– Ça lui fera un super cadeau de fin d'année.
– Et puis ça va surtout la soulager. Avec le bébé...
– Quel âge il a ?
– Romain n'a que trois mois. Il est adorable...
– Ouais, mais à cet âge-là, j'imagine qu'il prend déjà beaucoup de place dans une journée.

J'avais plié les ordonnances pour les glisser dans la poche intérieure de mon épais blouson. Nous nous étions souhaités de bonnes fêtes au travers d'une poignée de mains appuyée. Puis, me saisissant de la paire de béquilles, j'avais quitté l'infirmerie sur trois pattes.

Les appareils de musculation, placés le long des murs, occupent le périmètre complet de cette vaste salle où, en cette matinée de veille de Noël, je suis tout seul à remuer de la fonte. Les sacs de frappe et les punching-balls pendent immobiles. Des coups, sur une année, ils en prennent assez lorsque sont programmées nos fréquentes séances de sports de combat et ils semblent apprécier le repos octroyé par cette trêve des confiseurs. Régulièrement, j'ajoute des disques sur la barre sous laquelle je me couche avant de m'en saisir pour la décoller énergiquement des crochets la supportant puis, une fois stabilisée au-dessus de mon torse, entamer dans une respiration placée les flexions et extensions des bras propres aux mouvements de développé-couché. Entre deux séries, pour accompagner mes efforts, j'allume le poste radio calé sur une chaîne musicale. D'habitude, les voix des copains qui s'apostrophent, leurs discussions passionnées et les défis lancés envahissent ce volumineux espace d'un rassurant brouhaha qui est celui de la vie de notre unité.

Il est exceptionnellement rare que je me retrouve seul dans le gymnase représentant, pour nous tous, un lieu de cohésion, d'efforts partagés, d'entraînements précis et aussi de détente au travers d'activités ludiques mais toujours engagées. Jusque dans les rencontres de foot en salle, de badminton ou autres, tous les participants donnent toujours le meilleur d'eux-mêmes. L'esprit de la gagne est ancré en chacun d'entre nous. Associé au travail collectif, il donne force et puissance au groupe que nous formons. Quelques-uns de ses membres sont du reste des compétiteurs hors pair et ont inscrit leurs noms et celui de l'unité dans des courses et rencontres internationales de grande renommée. C'est ainsi que trônent, installés sur d'étroites planches vernies fixées sur les murs du gymnase, quelques beaux trophées. Avant de reprendre ma série, mon regard se pose sur l'étagère, toute proche de l'accès aux douches. Dans quelques jours, l'imposante coupe que j'ai gagnée lors de ma victoire aux récents championnats du monde de force athlétique y rejoindra celles déjà exposées là.

La porte d'entrée s'ouvre. Une des béquilles appuyées dans l'angle glisse et entraîne sa jumelle dans une chute qui remplit le gymnase d'un barouf résonnant du creux de leurs tubulures qui s'entrechoquent. J'entends une voix que je reconnais être celle d'Oliver, l'officier adjoint, prononcer mon prénom assez fort et rajouter être content de me trouver là. Celle-là, il ne me l'avait jamais faite. Je perçois à ce simple détail que ce qu'il a à me dire doit être sérieux. Sinon, il serait venu jusqu'à mon emplacement s'il avait simplement éprouvé l'envie de discuter avec moi. J'interromps la série à cent quarante-cinq kilos que j'avais entamée. Dans un bruit métallique sourd, la barre retombe sur ses crochets. Je jette un coup d'œil sur ma montre. Midi approche. Oliver est toujours dans l'encadrement de la porte. Comme s'il hésitait entre venir à ma rencontre et repartir rapidement vers les bureaux où j'ai l'impression qu'il souhaite que je l'accompagne. En marmonnant un bonjour, je lui serre la main et sens que ce contact le rassure.

– Venez vite, il se passe un événement grave à Alger. Un avion d'Air France...

Il interrompt sa phrase en franchissant le seuil du gymnase. Je me baisse pour me saisir de mes béquilles.

– Et puis merde !

Je les balance au sol. La porte poussée par un puissant « groom » métallique se referme en claquant sur la musique du poste radio que je n'ai pas pris le temps de débrancher. Je me surprends à marcher vite sans ressentir la moindre gêne pour rattraper Oliver en slalomant à travers nos véhicules d'intervention stationnés sur leurs emplacements abrités.

– Un Airbus d'Air France a été pris en otage sur l'aéroport d'Alger ce matin. Avec deux cent vingt-cinq passagers à son bord.

Il marque un temps d'arrêt. Je m'y engouffre pour pêcher des renseignements précis et importants, espérant qu'il détient déjà quelques-unes des réponses.

– Combien de preneurs d'otages ?
– Quatre ou cinq. Quatre hommes, sûr. Et il y aurait peut-être une femme avec eux.
– Qu'est-ce qu'ils veulent ?
– Pour l'instant, on n'a aucun élément là-dessus. Je vais tâcher d'en savoir plus.
– OK, est-ce qu'on connaît le modèle de l'avion ?
– Oui, c'est un Airbus A300.
– Il me faudrait le type exact parce qu'il en existe différents modèles.
– Je vais me renseigner tout de suite et je vous dis ça...

Lorsqu'il m'indique ensuite que le GIGN a été mis en pré-alerte puis rajoute « Qu'en pensez-vous ? », je sens qu'il attend du soutien et me passe la main pour ce qui est d'organiser les premières étapes d'une éventuelle mise en action. J'apprécie à sa juste valeur qu'il me demande mon avis mais sais pertinemment qu'il ne peut que s'appuyer sur ses trois chefs de groupe dont je suis, ceux ayant acquis une grande expérience pour être parmi les plus anciens opérationnels de l'unité.

Dans un premier temps, il faut faire venir les deux groupes de première et deuxième alerte. L'un est sur place à Satory et rejoindra au complet la caserne dans les cinq minutes ; le second est d'alerte à deux heures mais la plupart de ses membres arriveront aussi très rapidement, en moins d'un quart d'heure. Les deux opérationnels qui assurent la permanence depuis le matin, partent pour déclencher les bips dont sont porteurs tous ceux qui appartiennent aux groupes d'alerte.

– Je vais au secrétariat pour faire le point de tous ceux qui sont en permission dans un rayon de cent cinquante kilomètres.

Patrick, un de nos administratifs, se chargera d'appeler les gars qui sont dans ce cas afin de les informer de la situation et de connaître le délai leur permettant de regagner la caserne. Il se trouve qu'en cette période de fêtes, une bonne partie de l'effectif est en vacances et que tous ceux-là se préparent à célébrer Noël dans leurs familles qu'ils ont retrouvées depuis quelques jours.

– Allô... Allô, salut Philippe. C'est Roland. Tu peux me rejoindre à la caserne ? Il y a...

Je n'ai pas le temps de poursuivre ma phrase qu'il me coupe.

– Ouais, c'est bon, j'ai été bipé, je suis en route. Je suis au courant. J'arrive dans trois minutes environ. À tout de suite Roland.

Philippe occupe également la fonction de chef de groupe. Celui qui, aujourd'hui, se trouve être de deuxième alerte. Il a intégré le GIGN un an après moi. J'apprécie beaucoup ses qualités professionnelles et humaines qui ont fait de lui un leader s'imposant naturellement au fil du temps dans l'unité. Nous sommes évidemment proches et notre complicité ainsi que l'estime que nous nous portons ne seront pas de trop pour préparer au mieux cette mission pour laquelle le Groupe a été placé en pré-alerte.

Par la fenêtre, j'observe la longue grille d'entrée, commandée depuis la permanence, qui a entamé sa danse, valse d'ouverture et de fermeture sur le bruit mat de ses roues métalliques coulissant sur le rail scellé dans le sol. Elle laisse régulièrement passer tous les gars du Groupe qui se présentent à pied ou en vélo. D'autres les rejoignent après avoir garé leurs voitures le long du grillage d'enceinte, réduisant ainsi la petite route qui dessert la caserne en une voie unique de circulation. Certains se font déposer par leurs femmes ou amies dont ils prennent congé d'un court baiser. Très vite les différentes pièces sont envahies du murmure sourd des conversations dans lesquelles tous sont plongés. La nouvelle de la prise d'otages de l'avion d'Air France à Alger se répand comme une traînée de poudre au sein des petites grappes humaines qui se sont formées au gré des affinités.

– Ça y est, j'ai les réponses aux questions que vous m'aviez posées.

Oliver, en poussant la porte de la petite pièce où nous nous sommes isolés, nous fait quitter des yeux les plans d'Airbus sur lesquels Philippe et moi concentrons notre attention. La préparation, la remontée de renseignements, la négociation seront bien sûr privilégiées car l'action du Groupe ne se limite pas à l'intervention. Néanmoins, nous nous sommes tout de suite situés dans la situation la plus défavorable. Il faut imaginer le pire et s'y préparer. Et le pire, pour nous, est le plan d'urgence. Nous élaborons donc la phase tactique lorsqu'il débute par une réponse qu'il ne détient pourtant pas à cet instant précis.

– Bon, on ne sait toujours pas s'ils sont quatre ou cinq pirates de l'air. Sinon qu'ils se réclament du GIA[1] et ont pour revendication la libération des chefs historiques du FIS[2] emprisonnés en Algérie. Ah oui, rajoute-t-il en apercevant les croquis sur lesquels nous étions en train de plancher, l'avion est un Airbus A300 B2.

Nous replions les crobars inutiles pour ne conserver sur la table que celui correspondant au type de l'avion dont il vient de nous indiquer le modèle. Celui-ci nous permet ainsi de connaître précisément la façon dont il est configuré. Depuis la création du GIGN, il a été constitué un fond documentaire important qui nous permet, comme aujourd'hui, de pouvoir élaborer toutes les tâches de travail à partir de cette base de données dont nous disposons, étoffée et réactualisée en permanence.

– Alors, comment voyez-vous l'affaire ?

1. Groupe Islamique Armé.

2. Front Islamique de Salut.

Un chant à deux voix lui répond, comme une musique parfaitement réglée, un numéro que nous aurions particulièrement travaillé. Nos doigts, à tour de rôle, glissent sur le papier pour appuyer nos paroles et indiquer le positionnement et la progression des groupes. Philippe prend le relais de mes phrases. Mes mots ponctuent les siennes. Au terme de cette explication, Oliver opine du chef. Notre démonstration l'a convaincu au point qu'il ne rajoute rien, ni questions, ni éléments complémentaires.

Un rapide coup d'œil à ma montre m'indique qu'il est déjà midi et quart. Dans les locaux s'impatientent pratiquement une quarantaine de gars dans l'attente de renseignements plus précis.

– Bon, on va réunir tout le monde en salle. Je ferai une présentation de la situation générale et ensuite je vous laisserai la parole pour le détail du déroulement de notre action et l'explication du plan d'urgence. Ah oui, au fait... j'ai pu joindre Denis. Il était en permission dans les Pyrénées. Mais il rentre. Il devrait être là dans l'après-midi.

– Philippe, j'ai deux coups de fil à donner. Je n'en ai pas pour longtemps. Attends-moi deux minutes.

Oliver en nous indiquant qu'il avait pu téléphoner à Denis, le commandant du GIGN, sur son lieu de vacances, m'a fait penser aux deux appels importants que je me dois de passer.

– Allô, Fanfan, c'est moi. Écoute, euh... Commence à manger sans moi. Je ne sais pas quand je vais rentrer exactement.

– C'est pas grave, je vais t'attendre, me répond-elle d'une voix dans laquelle je décèle une petite pointe de déception.

– Non, ne m'attends pas, mange ! Je pense que ça va durer.

– Ça va durer ? Quoi donc ? T'es à la caserne ?

– Oui, mais ce serait trop long de te raconter ça par téléphone. Je dois rejoindre les autres en réunion. Je t'expliquerai en rentrant. Surtout, mange. À tout à l'heure. Je t'embrasse.

En raccrochant, je la sais déçue au bout du fil. Elle qui adore cuisiner nous avait concocté un bon petit repas qu'elle va devoir entamer seule. J'ai un mauvais pressentiment pour le réveillon de ce soir pour lequel elle a déjà pratiquement tout préparé. Je ne lui en ai pas parlé. Il sera toujours temps de le faire. Et d'ici là, qui sait, la situation aura peut-être évolué dans le bon sens. Je l'espère en tout cas.

– Allô Toubib, c'est Roland. Môntins, je rajoute afin qu'il me situe précisément car, sans doute, connaît-il d'autres Roland parmi ses patients.

Le docteur D. est quelque peu surpris par mon appel.

– Oui, ça va très bien, je lui réponds après l'incontournable question qui débute l'essentiel de toutes les conversations à travers le monde. C'est justement pour ça que je téléphone. Il faudrait que tu me remettes en position opérationnelle à compter d'aujourd'hui. J'ai repris le sport depuis quelques jours et je n'éprouve plus aucune gêne. Alors...

– J'ai compris, je suis au courant de l'actualité. Oliver m'a appelé tout à l'heure pour que j'active la cellule médicale.

En effet, sur chaque intervention, nous sommes accompagnés de docteurs et infirmiers attachés au GIGN, formés à la médecine d'urgence.

– Bon, t'es bien sûr que ça va ? Je te fais confiance, hein ?

– Oui, oui, tout à fait. En plus, tu sais, je ne pourrais pas me résoudre à voir partir mon groupe sans que ce soit moi qui l'emmène. Alors, c'est d'accord ?

– D'accord, Roland, je comprends très bien. Je m'en occupe. Tu peux considérer que tu es de nouveau apte dès maintenant. Bon pour le service comme on disait autrefois...

Samedi 24 décembre – 12 h 30 – Versailles-Satory

H moins 52 heures et 40 minutes

Dans la salle de réunion, quelques cris et applaudissements accueillent le trio que nous formons. Preuve de l'ambiance décontractée régnant dans cette assemblée souriante et détendue. La sérénité d'un groupe sûr de sa force, entraîné, préparé, déterminé, prêt à partir à l'assaut des plus hauts sommets. Nous serrons rapidement les mains de ceux que nous n'avons pas croisés plus tôt dans les couloirs. Oliver prend la parole et présente la situation générale. Le vol AF 8969 devant relier Alger à Paris. Un Airbus A300. L' aéroport Houari Boumediene. Les hautes autorités françaises informées par les services spéciaux. Les deux cent vingt-cinq passagers devenus otages. Les pirates de l'air, quatre ou cinq. Leurs revendications. La cellule de crise au Quai d'Orsay. Les contacts établis entre les gouvernements des deux états. Puis les réponses à quelques questions qui ne manquent pas de fuser. Non, pas de précisions sur l'armement du commando pour l'instant. Ni sur une possibilité d'action de notre part à Alger. Oui, les différentes tâches nous concernant sont mises au point. Le plan d'urgence a été élaboré et travaillé par Philippe et Roland à qui je passe la parole. Ils vont vous en détailler tous les aspects techniques et tactiques.

Oliver s'efface dans l'angle de la salle. Sans percevoir la moindre pression, on peut noter que les gars se montrent plus attentifs dès lors que l'on aborde la partie qui les concerne et qui est la leur, l'action. Je déroule le plan de l'Airbus qui attire tel un aimant tous les regards. La photo de la plus belle femme du monde en tenue aguichante n'aurait pas eu plus de succès, à cet instant précis bien évidemment. Chacun est déjà plongé dans une éventuelle projection opérationnelle. Une mission énorme. Deux cent vingt-cinq personnes à sauver d'un seul coup. Pour sûr que ce serait un beau cadeau de Noël. Philippe prend la parole. Je la lui laisse volontiers, sa voix porte davantage que la mienne. L'effectif réuni est suffisant pour mener une action sur l'Airbus. Notre dernier entraînement sur avion date de moins d'un mois. Il y a plusieurs années, un protocole a été mis en place entre le Groupe et Air France qui, ainsi, nous met régulièrement à disposition différents types d'appareils de sa flotte afin que l'on s'entraîne dans des conditions réelles. Lors de notre dernière séance de travail, nous avions joué plusieurs sortes de scénarii et, le hasard faisant bien les choses, il se trouve que le modèle sur lequel nous avions œuvré était un Airbus.

Tout en écoutant Philippe, je repense au prédécesseur de Denis à la tête du GIGN, Lionel, capitaine de son état. Au cours de mes douze années passées dans l'unité, c'est sous son commandement que nous nous sommes le plus souvent entraînés lors d'exercices grandeur nature sur divers avions. Aujourd'hui, au moment de détailler le plan d'intervention, j'aimerais pouvoir le remercier pour son action durant les trois années qu'il a passées parmi nous. Je ne sais pas si ces pensées parviendront jusqu'en Polynésie où il vit actuellement.

Philippe explique qu'avec l'effectif réuni, et s'il ne vient pas à s'étoffer d'ici un éventuel départ, trois groupes seront formés. Deux sont prévus pour investir l'avion par les portes arrière, les groupes un et deux qui se trouvent être d'alerte, c'est-à-dire le sien et le mien, tandis que le troisième réunira les tireurs d'élite chargés de l'observation et de l'appui feu. Bouffy sera à la tête de celui-ci. Chef de groupe lui aussi, il nous révèlera en aparté, à l'issue de la présentation de l'intervention, qu'il est déçu de ne pas faire partie des équipes qui vont pénétrer dans l'avion. À sa place, nous l'aurions été tout autant que lui. Il comprend qu'étant d'alerte, immédiatement présents et en charge d'établir le plan tactique, Philippe et moi nous sommes attribués l'action en mouvement. Nous avions décidé, avant son arrivée, que nous monterions, avec nos groupes respectifs, à l'assaut.

– Si tu avais été à notre place, qu'est-ce que t'aurais fait Bouffy ?

– Comme vous. J'aurais évidemment fait la même chose que vous, nous répond-il avec honnêteté.

Ce court échange lui permet d'évacuer sa petite déception et de se plonger, dès lors, à fond dans la mission qui est la sienne. Et puis cet élément revêt, dans un dispositif comme celui-ci, une importance capitale pour la réussite d'une telle opération. Il le sait parfaitement. Nous ne représentons rien les uns sans les autres. Nous ne sommes pas au cinéma, il n'y a pas de seconds rôles.

Entre temps, Philippe a terminé l'exposé de ce que pourrait être le plan d'urgence si la situation nous amenait à le mettre en œuvre. Durant la présentation, il n'a pas insisté sur la mission spécifique des tireurs d'élite. Ceux-ci devront évidemment s'être placés avant que les éléments d'assaut entrent en action. Sur le croquis de l'avion, j'ai montré les différentes phases au fur et à mesure qu'elles ont été abordées par Philippe. Les deux groupes entreront dans l'avion simultanément par les portes arrière après les avoir ouvertes. Les premiers à pénétrer se mettront en appui et, dans le même temps, deux binômes progresseront de part et d'autre vers l'avant par les couloirs latéraux, pendant que ceux qui auront été désignés se chargeront de l'ouverture des autres portes, du déclenchement des toboggans et de l'évacuation des passagers et du personnel embarqué. Avant que chaque chef de groupe réunisse ses équipes autour de lui afin de rentrer dans le détail de ce que chacun aura à réaliser individuellement et collectivement, il termine en informant tout le personnel que la pré-alerte s'est transformée en alerte depuis une bonne demi-heure. La situation est donc sérieuse.

Avant d'attribuer le rôle à chacun des membres constituant mon groupe, ceux-ci m'indiquent, lorsque j'évoque le problème du matériel, qu'ils s'en sont occupés pendant qu'avec Philippe nous mettions au point les plans d'action. Leur propre matériel individuel est prêt et ils ont également chargé les véhicules des cantines contenant les équipements et armements collectifs. Il est rassurant de savoir que chaque gars du GIGN sait parfaitement ce qu'il a à faire, se sent concerné, responsable, autonome, capable d'initiatives. Pour tout cadre dans cette unité, cet aspect des choses ne génère pas d'inquiétudes, apportant au contraire une réconfortante sensation de sérénité qui lui permet de se concentrer sur les orientations tactiques sur lesquelles il doit réfléchir. Aussi, devant eux, ne suis-je que légèrement revenu sur l'aspect technique de l'intervention du fait des nombreux entraînements accumulés auparavant sur les avions.

Je présente à Marco le travail qui incombera à nos équipes. Dans le groupe, il est mon adjoint. Pour être entré en même temps que moi dans l'unité et, depuis notre stage commun, je le connais par cœur et sais pouvoir compter sur lui. Cet amoureux de la nature sait l'oublier pour être pleinement concentré sur les missions dans lesquelles il s'engage.

Avec Marco, durant quelques petites minutes, nous échangeons nos points de vue desquels ressortira la répartition des rôles de chacun. Qui sera chargé de l'ouverture de la porte, l'ordre d'entrée dans l'appareil, les appuis, le trinôme progressant vers l'avant, la prise en compte des otages et leur évacuation. Pour un chef de groupe, cette phase de désignation des fonctions de chacun, dans un assaut d'une telle ampleur, n'est pas une prise de décision des plus aisées. Je fais le tour des visages qui me font face et attendent que je les libère de leurs traits un peu figés en révélant le rôle qu'ils tiendront dans l'action à mener. Il ne faut pas traîner pour cela. Même si ce n'est pas facile pour moi, je ne dois pas le leur montrer. Ils ne doivent percevoir au plus profond de moi ni hésitation ni doute. C'est en partie ainsi qu'un leader démontre qu'il est un chef digne de ce nom et que, dès lors, ses hommes n'ont qu'une envie, mettre leurs pas dans les siens sans se poser la moindre question. Il faut déclencher chez eux le désir de vouloir me suivre. Et ce, jusqu'au bout du monde. J'ai acquis ça au sein de mon groupe mais je sais cela fragile. Si je devais tergiverser, ne pas faire preuve d'assurance dans cette répartition des rôles, nul doute que la confiance qu'ils éprouvent pour ma personne se fissurerait irrémédiablement. Je débute d'une voix ferme et claire.

– La porte sera ouverte par Karl et Bull.

Tous savent effectuer cette manœuvre mais en les désignant, je me plie à la logique du placement que j'ai déterminé. Ils seront positionnés à l'avant du groupe.

Je pose mon regard sur Régis. Depuis dix ans déjà, il est parmi nous. Ancien rugbyman, il sait ce qu'est d'avancer face à de coriaces adversaires. C'est un fonceur. Mais un fonceur réfléchi. En qui j'ai toute confiance. Les yeux noirs de ce costaud me fixent et semblent m'adresser un sourire, qui ne gagne pourtant pas son visage, restant cantonné à son regard. Comme s'il avait perçu ce que j'allais lui dire.

– Régis, c'est toi qui entrera en premier. Et tu te mettras en appui.

Je ne détaille pas plus son rôle. Il sait parfaitement ce qu'il aura à faire. Sa tête hoche doucement de haut en bas et ses lèvres unies en effectuant un léger mouvement vers l'avant me signifient un OK, il n'y a pas de problème.

– Karl et Bull, vous vous engouffrerez derrière lui pour emprunter le couloir et progresser vers l'avant du zinc. Vous formerez la tête du trinôme et ne ferez qu'un. Un bloc soudé comme lors des entraînements. Attention, vous l'avez sans doute remarqué sur le plan, vous serez pratiquement dans l'axe de la porte du cockpit.

Là encore, j'ai affaire à de vrais combattants. Qu'ils ont été lorsqu'ils pliaient leurs adversaires sur les tatamis de judo, sport dans lequel ils évoluaient au plus haut niveau. De cette discipline, ils en ont conservé toutes les vertus. Avec eux, j'avancerai serein.

– L'Écureuil, collé à Karl et Bull, tu seras le troisième élément du trinôme. Attentif, dans la montée vers l'avant, à ce qui se passe dans les rangs des passagers.

Son surnom, il le doit à la couleur de ses cheveux et aux quelques taches de rousseur assorties à ceux-ci. Il est d'un gabarit plus léger, plutôt vif et armé d'un bon coup d'œil.

À ce stade de la distribution des rôles, j'indique à tous que je me souderai au trinôme de tête pour effectuer la progression vers le cockpit. Ma place sera là. Puis je leur précise le rôle de mon adjoint. Lui le connaît pour en avoir discuté avec moi, quelques secondes plus tôt.

– Marco sera le responsable de l'équipe chargée de l'évacuation des passagers. Tu sais combien il s'agit d'une tâche délicate, continué-je à son attention. Dans un telle situation, les otages peuvent vite paniquer et ça devient difficile à gérer. Fred et Aroc, vous monterez aussi vers l'avant pour aller vous mettre en appui-feu face aux passagers, à hauteur du premier galley[3].

Fred et Aroc, avec un peu plus d'un an d'ancienneté dans l'unité, sont les plus jeunes au sein de mon groupe. Tous deux sportifs complets, ils ont beaucoup appris en se mettant à l'écoute des plus anciens. À leur contact, ils se sont vite intégrés, et se sont rapidement retrouvés animés de l'état d'esprit régnant parmi nous.

– Toi, Jarqui, tu t'occuperas d'ouvrir la première porte que tu trouveras en remontant vers ta gauche et tu mettras en œuvre le toboggan. Et ensuite tu évacueras les passagers.

Surnommé Jarqui, c'est un grand sifflet. Tout en longueur, pas très épais. Mais endurant et tenace. Et d'une constante gentillesse. Il cache sa volonté derrière un sourire qu'il affiche pratiquement en permanence.

3. Espace pour préparer les repas.

– Pascal, tu effectueras la même manip que Jarqui mais sur la porte située sur l'avant gauche et dans la foulée tu évacueras également les passagers.

Pascal aussi est un sportif accompli. Il a pratiqué de nombreuses disciplines ce qui fait de lui un équipier très complet. Il est volontaire et appliqué dans tout ce qu'il entreprend.

J'ai presque fait le tour. Je passe d'un visage à l'autre.

– Donc, hormis le trinôme avant et les appuis-feu qui seront là pour traiter les terroristes, tous les autres se concentreront sur les otages. Les faire se coucher, les rassurer puis les diriger vers les portes pour les évacuer sans panique et au plus vite. Dans l'attente que les issues soient activées, il faudra commencer à les faire sortir par la porte que nous aurons utilisée pour investir l'avion. Ca vaut pour Marco, Fred, Aroc, Jarqui et Pascal.

Il me reste un équipier qui, pour l'instant, ne s'est pas vu attribuer de rôle. Depuis quelques mois il est au bureau-ops où il s'occupe de la gestion du service. Cette fonction est toujours réalisée par un ancien opérationnel qui connaît ainsi parfaitement le fonctionnement de l'unité. Il est rassuré de constater que je ne l'ai pas oublié lorsque je me tourne vers lui.

– Toi, Marcel, tu conduiras la passerelle-roulante pour mener le groupe à la porte arrière gauche. Une fois en place, tu nous rejoindras dans l'avion pour prendre part à l'évacuation des otages.

Les gars se libèrent de leur curiosité enfin assouvie par des paroles qu'ils échangent entre eux. Quelques sourires, quelques clins d'œil. Je sens à ces détails monter une certaine effervescence.

– Bon, voilà. Les rôles sont définis et répartis. On retrouve l'organisation et le même mode opératoire que nous avons toujours eu l'habitude de réaliser lors de nos divers entraînements sur avion. Notamment le dernier. J'imagine que c'est clair pour chacun d'entre vous. S'il y a des questions, allez-y. Sinon, en attendant qu'on en sache plus sur l'évolution de la situation, vous n'avez qu'à rentrer chez vous. On vous bipera si ça démarre.

Je reprends après un temps d'arrêt volontairement marqué pour répondre à d'éventuelles interrogations qui ne viennent pas.

– Alors à plus les gars. Régis, je voudrais te parler deux minutes.

L'attente va maintenant commencer pour eux. Ils savent la gérer. Je les vois s'éloigner en continuant de discuter entre eux. Régis est resté et Marcel semble également attendre, légèrement en retrait.

– Écoute-moi, Régis, lorsqu'il m'a fallu décider de celui qui allait faire irruption le premier dans l'avion, mon choix s'est tout de suite porté sur toi et...
– T'inquiète pas Roland, me coupe-t-il, je serai à la hauteur, comme nous tous du reste.

– Oui, oui, je sais, je n'en doute pas. Je voulais juste te dire que je connais les risques pour le premier à entrer. Ce n'est jamais simple de désigner celui qui va endosser ce rôle. Vous êtes tous capables de le tenir mais il n'en faut qu'un. L'idée que ce soit toi m'est venue naturellement, comme je te disais. C'est une décision bien pesée. Nous bossons ensemble depuis très longtemps et...

– Te casse pas ! Tu ne pouvais pas me faire plus plaisir. C'est un honneur pour moi que tu m'aies choisi pour entrer en premier, un honneur de savoir que j'aie toute ta confiance. Roland, je veux juste te dire merci. Allez, à plus tard. Et encore merci.

– Enfin, pour l'instant, on n'est pas encore dans l'avion. Souhaitons qu'on n'ait pas à y entrer.

Je le vois repartir vraiment heureux de mon choix. Son ton est sincère. Je ne peux qu'être fier d'être à la tête d'un tel groupe. En s'éloignant, il croise Marcel qui vient vers moi.

– Dis, Roland, j'aurais préféré être sur l'escalier avec vous plutôt que de le conduire.

– Je me doutais que tu viendrais me dire ça.

– Ben ouais, tu m'connais.

– Oui, on est atteint par la même maladie. On veut être au cœur de l'action, mieux au-devant d'elle, au premier plan de celle-ci. On est tous pareils. Mais dis-toi que sans conducteur de l'escalier roulant, l'intervention ne peut avoir lieu.

– Oui, je sais mais il n'empêche que...

– Attends ! Tu auras ta part. Moi, il me faut quelqu'un capable d'emmener tout mon groupe et de le placer dans les meilleures conditions au niveau de la porte. Ce n'est pas si simple. Attends !

dis-je encore une fois alors qu'il tentait de reprendre la parole, tu ne seras pas le moins exposé si nous montons à l'assaut. Imagine que les pirates de l'air nous voient débouler vers le zinc et qu'ils se mettent à nous rafaler. Qui, à ce moment-là, aura la place la plus délicate et la plus sensible ? Le conducteur du camion. T'es d'accord ?

– Mouais...

– S'il est abattu ou touché, le groupe s'arrête. Ne crois pas que je t'ai donné une petite fonction. Et n'oublie pas qu'après avoir positionné l'escalier contre la porte, tu nous rejoindras dans l'avion. T'es d'accord avec ce que je te dis ?

– Oui, t'as raison. Bon, eh bien... D'accord... À tout à l'heure, Roland.

C'est entre autre, pour tout ça aussi que j'aime cette fonction de chef de groupe. Prendre ce genre de décision demande de bien connaître ses gars. Il faut pour cela que j'ai su gagner leur confiance en étant proche d'eux, à leur écoute. Mais cette proximité ne s'établit pas comme on claque des doigts. Il faut du temps. Huit à dix années de présence au Groupe sont, pour moi, nécessaires afin d'occuper cette fonction, difficile sur bien des plans. Il faut parvenir à une réelle maturité que l'on ne peut pas atteindre en dessous d'une telle période. Les douze ans passés au GIGN à tous les postes, d'équipier à chef d'équipe puis chef de groupe à leurs côtés, plaident en ma faveur. J'ai trois ans de chef de groupe derrière moi. Un chemin lentement parcouru depuis mon premier jour dans cette unité où, comme tout jeune affecté, j'avais effectué mes premiers pas sous la coupe d'un ancien. Michel, qui avait hérité pour moi du rôle de parrain, l'assuma à merveille en m'apprenant toutes les ficelles de ce métier si particulier. Je fis dès lors souvent équipe avec cet ancien champion de France de boxe, sélectionné aux Jeux Olympiques de 1972 à Munich. Il m'a donc formé et sans doute un peu déformé, mais dans le bon sens du terme puisque cela me permet d'occuper aujourd'hui la fonction de chef de groupe. Parrain et formateur, Michel est devenu peu à peu un ami fidèle.

Depuis mon entrée au sein de cette unité, j'y ai donc acquis ce que nous déclinons sous la formule « les trois T ». Le Terrain, pour le sens et l'analyse de celui-ci, la Technique, individuelle et collective que l'on acquiert à force de gestes maintes fois répétés, et le Temps, pour l'expérience, la réflexion qu'il nous apporte et qui nous sert à le gérer le plus sereinement possible. Mais s'il est important dans la réalisation d'un bon chef de groupe, le temps, seul, ne suffirait pas. Il faut aussi être un exemple irréprochable. Durant toutes ces années, j'ai participé à plus de deux cents missions, ce qui correspond à la moyenne annuelle de plus d'une vingtaine pour chaque membre du Groupe. Au cours de celles-ci, j'ai donc pris part à des arrestations domiciliaires, des transfèrements d'individus très dangereux, des opérations de flagrants délits, des neutralisations de forcenés, des interventions sur des prises d'otages, lors d'émeutes en milieu carcéral entre autres. Bien sûr, au sein d'un dispositif, en binôme ou en groupe et renseigné par une équipe d'observation. Ma grande satisfaction est d'avoir, au cours de ces douze années, désarmé à mains nues plusieurs individus très dangereux.

La dernière fois, c'était il y a six mois. La Brigade de recherches de Versailles nous avait fait parvenir une information fiable selon laquelle une bande de truands fichés au grand banditisme, connus pour être fortement armés, avaient échafaudé un cambriolage chez une riche propriétaire des Yvelines pour faire main basse sur une importante somme d'argent assortie d'une collection de bijoux. Dans le cadre du flagrant délit, nous avions constitué cinq équipes de quatre gars, réparties et planquées autour de la propriété dès 21 heures. À mes côtés, Denis, Bull et Dédé. Les minutes et les heures avaient défilé lentement au cœur de la nuit relativement douce. Dans ce type d'opération, la patience n'est pas toujours récompensée et les renseignements donnés peuvent parfois s'avérer inexacts. Mais là, quelques minutes après 2 h 30, nous avions pris conscience que notre attente n'allait pas être vaine. Une voiture venait, en effet, de se garer discrètement à une cinquantaine de mètres de la propriété. Après une poignée de secondes durant lesquelles ils en avaient sans doute observé les lieux, quatre individus s'en étaient extraits en prenant bien soin de ne pas claquer les portières. Puis, sans bruit, ils s'étaient rapidement déplacés jusqu'à atteindre le portail d'entrée. Marco, dont l'équipe était la plus proche, s'était précipité sur eux en criant les sommations d'usage. Un des quatre malfaiteurs fut alors maîtrisé tandis que les trois autres se mirent à courir sans se retourner. Notre dispositif était tel qu'ils se trouvaient dans une sorte de nasse de laquelle ils éprouveraient les pires difficultés à sortir. Passant à quelques mètres de notre planque, ils nous imposèrent néanmoins une petite course au bout de laquelle nous avons plaqué, tels des rugbymen, les trois fuyards. Ils étaient tous armés. Celui, maintenu fermement au sol par Bull, était en possession d'un fusil à canon scié avec les balles engagées. Denis avait maîtrisé et désarmé un des truands qui détenait un pistolet automatique de calibre 11,43 avec également une balle dans le canon. J'avais, de mon côté, effectué la même action sur le troisième complice, également armé. Ces arrestations simultanées, sans le moindre coup de feu tiré, entraîneront d'agréables conversations entre nous à chaque fois qu'elles seront évoquées. Denis était assez fier car pour lui, il s'agissait du premier truand qu'il désarmait à mains nues.

Il y a trois ans maintenant que Lionel, alors commandant du GIGN, a décidé de m'affecter à la tête d'un des trois groupes opérationnels. Un gage de confiance de sa part pour occuper ce qui est, pour moi, le plus beau poste au sein de cette unité. J'avais déjà beaucoup observé et appris auprès de Michel lorsqu'il tenait ce rôle. Mais c'est en tant qu'adjoint de Guy, alors chef de groupe, que j'ai véritablement complété les connaissances nécessaires de cette délicate fonction. Ce breton, à la tête aussi dure que le granit de sa région, avait une impressionnante capacité d'analyse lors de toutes les opérations sur lesquelles nous étions engagés. Il a été pour moi plus qu'un formateur. Et aujourd'hui, je tente d'être, pour les gars constituant mon groupe, l'exemple qu'il fut pour moi. Ils ont, semble-t-il, vu en moi quelqu'un à qui l'on a envie de ressembler. Pour cela, il m'a fallu être plus que le grand frère, le père, l'ami, le confident. J'ai du être tous ces personnages à la fois. Celui à qui on peut tout dire. Ses bonheurs comme ses soucis. Le meilleur comme le pire. Ces moments d'échanges devaient venir d'eux, s'ils éprouvaient l'envie de me parler. Je ne devais rien provoquer pour connaître leurs situations familiales, leurs histoires personnelles, leurs problèmes d'argent, d'éducation des enfants, de santé pour les personnes qui les entourent.

Cela devait venir naturellement de leur part. Et ils le faisaient volontiers en sachant que ce qu'ils me révélaient sous le couvert de la confidence ne sortirait pas en dehors d'eux et moi. Ceci, lié à leur degré de forme que je voyais lors des entraînements communs me permettait de savoir où chacun se situait au sein de mon groupe. Je connaissais leurs différentes qualités. Et leurs défauts aussi. Tout ça m'a toujours aidé à ne pas me tromper dans les choix que j'avais à faire. Les places au sein d'un dispositif peuvent varier en fonction de cela. Et là, dans la désignation des places de chacun, j'ai donc pris en compte tous leurs critères individuels, leurs personnalités, leurs caractères pour leur attribuer le rôle le plus adapté à cet instant précis et tirer ainsi la quintessence de chacun d'entre eux. L'aspect technique revêt, dans ces cas-là, une moindre importance car je les sais formés et instruits de façon identique et animés d'un même esprit dans l'action.

Les briefings des autres groupes, réalisés chacun de leurs côtés par Philippe et Bouffy, ne s'éternisent pas. Une autre petite équipe s'est isolée dans une pièce à part afin d'y évoquer au mieux la situation présente. Nanard, Dédé et La Drume forment la cellule des négociateurs. Ils auront, comme lors de toutes nos opérations, un rôle très important. Celui d'établir le contact avec les terroristes et de trouver les mots afin de leur faire prendre conscience que la meilleure solution, pour eux, est de libérer les otages avant de s'en remettre aux autorités. C'est un travail long et minutieux que nous privilégions sur toutes les situations pour lesquelles il est fait appel à nous. Une approche délicate, toujours menée sur le fil du rasoir, dans le domaine très particulier et difficile de la psychologie humaine. Car cette mission est réalisée à chaque fois face à des cas extrêmes de détresse, d'enfermement ou de conditionnement pour une cause, comme c'est le cas dans le cadre de ce détournement d'avion.

Samedi 24 décembre – 14 heures – Versailles-Satory

H moins 51 heures et 10 minutes

La grille reprend sa valse d'ouverture et de fermeture. La plupart des gars repartent vers leurs appartements situés à quelques cinq cents mètres de la caserne pour patienter, équipés des bips d'alerte, au sein de leurs foyers. Tout étant prêt, rien ne sert de les garder sous pression dans les locaux. J'en profite pour effectuer un rapide aller-retour chez moi, faire honneur au repas préparé sans pour autant prendre le temps de m'attabler, réunir quelques vêtements chauds jetés à la va-vite, sans respect pour leur pliage, dans un sac d'allègement. Dans le même temps, sans que cela ne me distraie de ce que j'ai à faire, j'explique la situation à Fanfan qui me suit dans tous ces courts déplacements que j'effectue à travers l'appartement. Je rentre à pas de loup dans la petite chambre où les volets fermés laissent passer par d'étroits interstices une douce lumière diffuse suffisante pour que j'aperçoive notre bébé plongé dans son sommeil. Quels rêves peut-on donc faire lorsque l'on est âgé que de quelques semaines ? La pièce, depuis trois mois, s'est imprégnée de l'odeur du lait utilisé pour laver et hydrater la peau des nouveau-nés. Je me penche par-dessus les barreaux de bois de son petit lit aux tons doux, bleus et blancs, puis dépose sur son front un baiser assez léger pour ne pas le réveiller.

Enfin, avant de franchir le seuil du logement, c'est mon épouse que je serre dans mes bras. Le réveillon de Noël, assuré jusqu'en cette fin de matinée, nous échappe alors complètement, suspendu qu'il est, aux suites de l'événement dramatique pour lequel je vais la quitter et rejoindre la caserne. Seule une reddition rapide des terroristes permettrait maintenant que nous nous retrouvions pour cette veillée festive. Et c'est vraiment ce qui pourrait arriver de mieux comme épilogue de cette affaire. Pour amoindrir sa déception au moment où je desserre mon étreinte, j'évoque l'épreuve terrible dans laquelle sont plongés les otages du vol Alger-Paris à l'heure qu'il est. Leur position est autrement moins confortable que la nôtre. Je l'embrasse et la quitte à travers quelques mots tendres appuyés par un petit sourire qui se veut rassurant et qui parvient, non sans difficulté, à lui en arracher un, très léger. Je pense alors aux épouses, compagnes et autres petites amies des membres de l'unité. Faut-il qu'elles soient solides. Car nous, qu'allons-nous faire ? Certes, nous intervenons régulièrement dans des épreuves délicates, difficiles, dangereuses, mais nous ne sommes jamais seuls. Dans moins de trois minutes, j'aurai rejoint mes amis et c'est entouré d'eux que je m'apprêterai à affronter une nouvelle situation de crise. Mais elles, pendant ce temps, vont être confrontées à la solitude d'un appartement vide, à déposer les enfants à l'école ou en crèche, s'occuper de leurs devoirs le soir, courir avec eux dans les activités du mercredi, gérer la vie à la maison. Et rajouter à cela leurs vies professionnelles et les contraintes horaires liées aux déplacements toujours chargés de la région parisienne.

L'ascenseur met du temps à arriver sur le palier. Je descends les trois étages par les escaliers et file en direction de la caserne.

Lorsque j'y arrive, je prends conscience que j'ai effectué le trajet en trottinant. Mais où est donc passé le convalescent de ce matin qui avait réalisé le même parcours en s'aidant laborieusement de ses béquilles ? Tout est dans la tête et la tête a décidé qu'il était guéri. Tant mieux ! À la permanence, je trouve le grand Michel. Durement blessé au bras lors d'un entraînement, il est venu, malgré ses broches externes apparentes, proposer ses services. Je n'ose pas imaginer la déception qui doit l'habiter. Si nous partons pour cette opération, il assurera la permanence, entouré des stagiaires ayant débuté leur formation depuis quelques semaines, car les deux gars qui l'avaient entamée ce matin ont évidemment réintégré les groupes opérationnels. Depuis le local, j'aperçois la grille d'entrée s'effacer sur le passage du patron. Denis, le commandant du GIGN arrive tout droit de ses vacances pyrénéennes où, vraisemblablement, il a abandonné sa famille à un réveillon montagnard auquel il ne participera pas. Il est pratiquement 15 heures.

Samedi 24 décembre – 15 heures – Versailles-Satory

H moins 50 heures et 10 minutes

Dans le bureau de Denis, Oliver explique de nouveau la situation générale. Mais le commandant la connaît. Il a été mis en relation directement avec la cellule de crise au Quai d'Orsay où il est du reste convoqué. Il faut faire vite pour lui présenter le point de notre réflexion sur ce que pourrait être un plan d'urgence. Avant, nous lui indiquons l'état du personnel présent.

Les deux groupes d'alerte au complet, auxquels se sont rajoutés des permissionnaires qui étaient encore sur place à Satory. Tous les vacanciers situés dans un rayon de cent cinquante kilomètres font route vers la caserne, certains étant déjà arrivés. Tous, y compris ceux dont les adresses de permission sont au bout de la France, ont été avertis. Ils ont répondu présents et font également mouvement vers Satory où ils espèrent parvenir à temps. Le matériel est prêt, embarqué dans les véhicules. Ici, tout est paré pour un départ immédiat. Oliver ajoute qu'un Transall de l'Armée, dont l'équipage a été mis en alerte, est prêt à décoller d'Orléans-Bricy pour regagner Villacoublay. Qu'Air France, contactée par nos soins, a honoré notre demande en mettant à notre disposition un A300, identique à celui du vol Alger-Paris y compris dans sa configuration intérieure, afin de nous transporter sur la destination que nous leur indiquerons.

Le plan de l'Airbus est alors étalé sur le bureau. Avec Philippe, nous répétons les mots employés il y a un peu plus d'une heure à l'intention de tous les gars réunis en salle. Denis est penché sur le dessin et imagine sans doute au fur et à mesure de nos explications, si le plan d'urgence devait être déclenché, la progression des différents éléments investissant l'avion. On sent qu'il nous fait entièrement confiance quant à la tactique que nous avons mise au point.

– En fait, on retrouve le schéma d'intervention que nous avons travaillé lors du dernier entraînement sur Airbus, il y a trois semaines.

Nous concluons là-dessus. Il s'en souvient parfaitement pour avoir assisté à cette séance d'instruction.

– Très bien. D'accord. C'est à moi de jouer maintenant. Dans un registre différent, j'espère que je serai aussi bon que vous. Je dois rassurer mes interlocuteurs en leur montrant que nous avons les connaissances et les capacités pour résoudre une telle affaire.

Son timbre de voix est celui d'un homme décidé. C'est rassurant de percevoir une telle motivation dans l'intonation qu'il y met. Nous aurions eu envie de rentrer davantage dans les détails de l'action envisageable. Nous n'en avons pas le temps. Attendu au Ministère des Affaires étrangères, il doit partir rapidement. Il replie le plan de l'avion, le glisse dans l'épaisse chemise cartonnée contenant les feuilles rédigées des descriptions précises de l'intervention. Tout y est, tout est là. C'est ce dossier, qu'il introduit dans une espèce de cartable souple en cordura noir, qu'il va devoir présenter devant les personnalités politiques réunies en cellule de crise depuis le matin au Quai d'Orsay, à la tête de laquelle œuvre Monsieur Alain Juppé. Je n'envie pas le rôle de Denis. Face à lui, personne ne sait quoi faire devant un tel événement. Il doit donc trouver les bons mots pour les rassurer et les mettre en confiance, en mettant en avant les capacités du GIGN, et ainsi les convaincre pour que lui soit confié la gestion de cette crise. Afin que nous, techniciens de terrain formés et aguerris à ce type d'opérations, puissions être mis en action. Je préfère ma fonction et de loin. Mais là encore, nous ne serions rien les uns sans les autres et la force de l'unité est aussi dans cette complémentarité.

Il est parti rassurer ceux qui détiennent le vrai pouvoir de décision, avec le mode opératoire, de la négociation jusqu'au plan d'urgence que nous avons établi, sans qu'il ait le moindre doute sur la qualité de celui-ci. Il nous démontre ainsi la totale confiance qu'il a en nous. Je lui voue la même confiance pour la mission qu'il s'est fixée et qu'il veut voir aboutir tout autant que nous. Il va pouvoir s'appuyer sur l'expérience acquise par le GIGN durant ses vingt années d'existence et sur son bilan qui parle de lui-même. Évoquer toutes les journées d'instruction passées à apprendre les caractéristiques spécifiques de chaque modèle d'avion. Pour en connaître le fonctionnement exact, les matériaux qui les composent, les accès, les issues, l'agencement. Et les séances pratiques à réaliser des essais balistiques sur différents éléments d'avions destinés à la destruction. Sans compter les entraînements réguliers, programmés en grandeur nature sur des appareils réels et en état. Il saura dire pouvoir compter sur ses hommes qu'il connaît bien et qui, unis, représentent la force exceptionnelle d'un groupe préparé et aguerri aux opérations les plus délicates grâce à une formation et une instruction continues au plus haut niveau. Et s'appuyer sur le grand nombre de résolutions d'affaires effectuées dans la douceur après de longues négociations, solutions recherchées et toujours privilégiées par les membres du Groupe.

Nous savons qu'il saura trouver les bons arguments pour convaincre. Mais sera-t-il entendu ? Entendu, sûrement, mais mieux vaudrait qu'il soit écouté. Que les différentes personnes constituant la cellule de crise soient attentives et réceptives à ce qu'il leur exprimera. Quand bien même il serait écouté, la décision par les autorités politiques ne sera pas facile à prendre. Ceci dit, on attend d'elles qu'elles endossent leurs responsabilités, qu'elles avancent et qu'elles assument. À la veille de Noël, une affaire pareille n'est vraiment pas un cadeau mais elles se doivent de la traiter au mieux. Et Denis doit les convaincre, si une action doit être menée en cas d'échec des négociations, qu'elles peuvent s'appuyer sur notre professionnalisme. Personne, face à un choix d'une telle importance, n'a le droit de se tromper. La pression doit être plus que palpable chez nos plus hautes instances dirigeantes.

Samedi 24 décembre – 15 h 25 – Versailles-Satory

H moins 49 heures et 45 minutes

– Un café ?

– J'évite d'en prendre l'après-midi mais là, j'ai l'impression que la soirée risque de s'éterniser. Alors, va pour un café.

– De toute façon, qu'il y ait réveillon ou intervention, la soirée sera effectivement longue.

Je passe derrière le comptoir, fixe au percolateur le doseur après l'avoir empli d'une pleine dose, glisse deux tasses sous les becs verseurs et appuie sur le bouton sur lequel de petits récipients jumeaux sont gravés. L'appareil, en sifflant, libère ses filets de breuvage sombre et leur agréable arôme. Philippe et moi, nous nous sommes réfugiés dans un local où nous aimons bien passer, chaque jour, quelques instants en toute décontraction. Située près de l'accès au gymnase, cette pièce a été aménagée en salle de détente. Un canapé, deux chauffeuses, une table basse, un comptoir devant lequel siègent quatre hauts tabourets, un percolateur, des étagères de verres et de tasses forment l'essentiel du mobilier. Les murs sont punaisés de posters de sports et de photos sur lesquelles des « people » posent parmi nous au cours de visites effectuées dans notre caserne ou lors d'entraînements. Certaines de ces célébrités, devenues des inconditionnelles, reviennent régulièrement. Une vitrine présente ses étagères chargées de coupes et médailles gagnées lors de rencontres de haut niveau et ce, dans des disciplines très diverses. S'y côtoient les trophées glanés aux championnats de France de tir, ceux du challenge Manhurin, celui du record de l'ascension de la tour Eiffel en courant par les escaliers, de l'équipe vainqueur du Raid Gauloises au Costa Rica, de celle championne du monde de force athlétique, de victoires en cross, en parachutisme, en équitation et bien d'autres encore.

Pourtant, parmi toutes ces coupes, celle dont nous sommes le plus fier, ne nous a été remise que pour une deuxième place. Ce classement n'aurait pas du pleinement nous satisfaire car nous nous sentons tous plutôt en phase avec le titre du livre du navigateur Michel Malinovski : seule la victoire est jolie. Nous étions engagés dans une compétition professionnelle se déroulant aux États-Unis et qui regroupait les meilleures unités d'intervention à travers le monde. Avant l'ultime épreuve, dont sept avaient déjà été effectuées, nous occupions la première place devant nos homologues américains. La séance de tir du matin avait renforcé ce classement La dernière rencontre consistait en un parcours dans un bâtiment dans lequel nous devions pénétrer dans quatre salles de situation où des cibles et des mannequins représentant des otages avaient été placés au milieu d'autres, armés, qui symbolisaient des terroristes. Le but était, évidemment, de neutraliser ces derniers sans toucher aux victimes. L'épreuve était chronométrée. Un barème avait été établi par les organisateurs, qui rajoutait du temps aux équipes qui n'auraient pas traité tous les preneurs d'otages et qui, également, auraient touché des otages. Aucun des participants ne connaissait à l'avance l'aménagement des pièces. Nous avons été la seule unité à terminer notre parcours en ayant neutralisé tous les terroristes, sans toucher une seule fois leurs victimes. Pourtant, les Américains ont remporté cette épreuve. En étudiant le règlement, ils s'étaient aperçus que les pénalités en temps pour avoir abattu un otage étaient dérisoires. Ils ont donc couru le plus rapidement possible pour pénétrer dans les salles où ils ont défouraillé à tout va, preneurs d'otages et otages. Ils ont ainsi réalisé un temps canon malgré celui rajouté pour avoir tué toutes les victimes. Ils n'ont loupé personne. Nous avions également remarqué cette faille particulière dans le règlement mais nous n'avons pas voulu tomber dans ce jeu-là et nous sommes donc montés sur la seconde marche du podium. Les autres groupes d'intervention ont ignoré les Américains lors de la remise des récompenses et nous ont attribué la victoire à l'applaudimètre. Depuis, cette coupe trône dans ce bar un peu particulier. Particulier car c'est un bar où l'on ne sent pas l'odeur de tabac. Ici, pas de cigarettes dont la fumée imprègne les vêtements. Particulier car c'est un bar où l'on ne sert que des jus de fruits et des sodas et... du café. Ici pas d'alcool. Une tolérance néanmoins. L'exception qui confirme la règle. Le champagne. Parfois, quelques bouchons de cette pétillante boisson ont claqué dans cette pièce. Toujours à l'occasion d'événements qui méritaient que l'on déroge au règlement. Victoires sportives, naissances, promotions, réussites aux examens et, bien sûr, à chaque remise des brevets du GIGN.

Aujourd'hui, nous n'avons rien à fêter. Nous sommes venus là pour quérir un peu de tranquillité. S'isoler de cette sale actualité. Nous parlons des vacances. Des prochaines. Celles-là sont compromises. Il rêve de belles plongées dans les fonds entourant quelques îles tranquilles.

– Moi, ce serait la Corse ou La Calédonie, et toi ?
– Ce ne serait pas pour plonger, j'irais à Chiloé.
– Chiloé ?
– Une petite terre détachée des côtes du Chili, aux portes de la Patagonie. Je l'ai découverte dans les récits colorés d'auteurs sud-américains.
– Je me suis toujours demandé pourquoi les hommes et les femmes rêvent tant d'îles ?
– Sans doute parce qu'ils ne sont, durant leurs vies, que des marins perdus et que l'île représente ce qu'il recherche, l'aventure, l'inconnue, la rencontre, l'amour.
– Mais pourtant, lorsqu'ils y sont, souvent ils n'y font qu'escale et n'y restent que très rarement. Non ?
– Ils sont toujours déçus. Ils ne peuvent s'y attacher puisqu'ils ne la reconnaissent pas. Car, avant de l'atteindre, ils l'ont imaginée, embellie, rêvée comme ils auraient aimé qu'elle soit.
– Alors comme tout être, ils repartent dans leur quête, sans

savoir laquelle, sans savoir ce qu'ils cherchent réellement, n'est-ce pas ?

– Si, ils le savent. Mais souvent ils ne veulent pas s'avouer qu'ils sont uniquement dans une quête d'amour. Et cette île-là, elle s'avère bien difficile à atteindre.

Puis après quelques secondes d'un silence introspectif, la discussion reprend. On évoque les enfants. Il me dit les activités qu'il aimerait leur faire découvrir.

– Le sport, bien entendu, mais aussi des disciplines plus créatives la musique, la peinture. Les éveiller le plus largement possible.

– Mon fils est encore trop jeune. Tout ça viendra plus tard. Mais déjà maintenant j'aimerais l'épauler, passer du temps à ses côtés.

– Heureusement qu'on les a, ils nous équilibrent. Dans ce monde de folie...

On poursuit par les terres qu'on aime. Celles de nos enfances et donc de nos parents, celles sur lesquelles nous sommes provisoirement installés, liées à notre choix professionnel et celles de notre futur, où nous aurions envie de couler notre retraite. Les derniers films vus. Et puis, plus légèrement, nous en venons à commenter les derniers résultats sportifs après avoir évoqué les champions français qui nous avaient fait rêver durant notre jeunesse.

Samedi 24 décembre – 18 h 15 – Versailles-Satory

H moins 46 heures et 55 minutes

– Ah, je vous cherchais. À la permanence, le grand Michel m'a indiqué que je vous trouverais là. Il croule sous les coups de fil. La plupart des appels proviennent de la presse, déjà.

L'irruption de Denis nous ramène à la réalité. Il paraît détendu, presque souriant. Nous sourions aussi, pour ce bon moment partagé. Privilégié. Rare. Et précieux.

– Je vais me faire un café. Vous en voulez un ? nous demande-t-il.

– Non merci, ça fait déjà trois cafés qu'on vous attend !

Nous n'avons qu'une envie, celle de lui dire : Alors ? Il n'a qu'une envie, celle de nous dire : C'est bon !

Mais nous attendons qu'il nous rejoigne, avec sa tasse pleine dont il tente de ne pas en renverser la moindre goutte, pour enfin savoir. Il est fier de nous annoncer que nous avons l'opération à notre compte. Que le plan qu'il a présenté, le vôtre nous dit-il comme pour nous féliciter, a impressionné favorablement tous les membres de la cellule de crise.

– Durant ma présentation, rien ne transparaissait sur leurs visages qui semblaient me scruter, à l'affût d'une erreur que j'aurais pu commettre. À aucun moment, je ne les ai senti adhérer à mes propos.

– Alors, vous avez pensé que c'était foutu ?

– Je me suis posé quelques questions, c'est vrai, mais sans

pour autant douter. J'étais sûr de moi, sûr des capacités du Groupe pour résoudre une telle affaire. Je ne vais pas vous donner tous les détails, on en reparlera plus tard. On n'a pas trop de temps devant nous. Pour faire court, à un moment, l'un d'eux m'a lancé : « Nous connaissons tous, autour de cette table, les interventions du GIGN couronnées de succès lors d'opérations délicates. Pour nous, l'évidence s'impose. À qui donc aurions-nous pu confier cette mission si ce n'est au GIGN, votre Groupe, commandant ? ».

Il est 18 h 30 passées de quelques minutes, lorsqu'il nous annonce que le Quai d'Orsay a mis à sa disposition un Mystère 20 du GLAM, le Groupement des Liaisons Aériennes Ministérielles. Une intervention de notre part sur le sol algérien de l'aéroport Houari Boumediene a été évoquée par la cellule de crise. Celle-ci a fait mettre en alerte le 1er régiment parachutiste d'infanterie de marine stationné à Bayonne. Il serait chargé de sécuriser l'aéroport si nous devions opérer en Algérie. Le gouvernement français compte s'opposer à ce que cette douloureuse prise d'otage se termine par un assaut mené par leurs troupes d'élite, les fameux Ninjas. Il veut imposer le GIGN. Le ministre des Affaires étrangères est en train de batailler avec son homologue à Alger pour qu'il se plie aux demandes de la France. Une sacrée passe diplomatique est engagée entre les deux pays. Aucun ne veut céder. L'un arguant que cette prise d'otage a lieu sur son territoire, l'autre que l'appareil appartient à une compagnie française. Et il faut, au cours de tous ces échanges, ménager les susceptibilités des autorités politiques outre méditerranée quant aux différences de niveau de compétences des groupes d'intervention.

– Dans cette éventualité, nous allons nous positionner à Palma de Majorque, aux Baléares. Ainsi, nous serons à moins d'une heure d'Alger si nous sommes mis en action. Je vais partir en précurseur là-bas avec le Mystère du GLAM. Il me faut un chef de groupe. Roland, poursuit Denis en me fixant, vous m'accompagnerez sur place. Quant à vous, Philippe, vous vous chargerez de tout le personnel restant. Le fameux Airbus identique à celui des otages vous attend à Roissy pour y embarquer et décoller vers Palma où vous nous retrouverez. Bon, Roland, on se retrouve dans une vingtaine de minutes. Le temps, pour moi, de préparer mes affaires et de passer quelques coups de fil.

– Mon commandant, je pense qu'il serait intéressant d'emmener avec nous en précurseur un de nos spécialistes des aéroports.

– Oui, tout à fait, vous avez raison. Je vous laisse le soin d'en contacter un. Dites à Nanard et Dédé, nos négociateurs, qu'ils nous accompagneront. À tout de suite.

Denis s'éloigne rapidement vers son bureau. Avec Philippe, nous nous dirigeons vers la permanence. Dans les couloirs retentit un véritable concert de sonneries de téléphone. Il n'est pas une pièce qui ne renvoie leurs notes stridentes. Au passage, nous croisons deux ou trois permissionnaires, tout juste débarqués de leurs lieux de vacances, affairés dans la hâte à préparer leurs cantines. Philippe rejoint le grand Michel pour rameuter tous les gars détenteurs de bips qui patientent chez eux, l'oreille collée sur les flashs d'informations diffusés par les radios.

- Allô l'Écureuil, c'est Roland. Rapplique tout de suite ! On part avec le patron en précurseurs. Il nous faut un spécialiste des pistes.

– On part où ? À Alger ?
– T'occupe ! Ramène-toi, je t'expliquerai tout ça ici...

La longue grille coulisse pour la énième fois aujourd'hui. Dans le même temps, je fais descendre la vitre électrique de la portière. Je plaque la semelle aimantée du gyrophare sur le pavillon de la Renault 25 et insère le jack pendant à l'extrémité du tortillon de fil sur l'allume-cigare. Par intermittence, les reflets bleus balaient la nuit tombante. L'accélérateur pressé un peu lourdement nous arrache de la caserne transformée depuis quelques minutes en une véritable ruche. Arrivés sur la bretelle d'accès de l'A86, Denis actionne le deux-tons. Sa musique entêtante, calée sur les flashs du gyrophare, nous permet de remonter par la droite, sur la bande d'arrêt d'urgence, les files des voitures roulant au pas pare-chocs contre pare-chocs. À hauteur du Pont-Colbert, la chaussée se resserre et nous impose de zigzaguer entre les deux flots de circulation. Il est plus de 19 heures dans cette soirée du réveillon. Les conducteurs et leurs passagers semblent prendre leur mal en patience dans leurs habitacles surchauffés. Se côtoient ceux qui regagnent leurs domiciles ou se rendent sur les lieux de l'invitation de leurs familles ou amis et ceux qui s'y prennent au dernier moment et qui roulent vers Vélizy 2 pour y effectuer leurs dernières courses en nourriture, cadeaux et jouets. Et nous, au milieu de cet intense trafic, qui nous faufilons assez rapidement afin de décoller pour les Baléares. Malheureusement pas pour y passer un séjour touristique au cœur de ces vacances de fin d'année. Denis a allumé le poste radio qu'il a calé sur 105,5, la fréquence de *France Info*. Mais le deux-tons couvre les voix des journalistes dont on ne capte que quelques bribes de leurs interventions.

On comprend néanmoins que l'avion est toujours immobilisé à Alger et que la situation n'a pas évolué malgré le dialogue établi entre les autorités du pays et les preneurs d'otages. Sur les quelques kilomètres que nous effectuons, le téléphone mobile de Denis a sonné trois fois et il a passé tout autant de coups de fil. Au Quai d'Orsay, à la direction de la Gendarmerie et au GIGN.

II

Samedi 24 décembre – 19 h 40 – Base aérienne de Villacoublay

H moins 45 heures et 30 minutes

La barrière de l'entrée de la base aérienne de Villacoublay se referme sur notre passage et la sentinelle, sortie de sa guérite, nous voit filer, figée dans un salut réglementaire, vers le pavillon d'honneur où nous sommes accueillis par l'équipage du Mystère 20. Pendant ce temps-là, à la caserne, ça s'active ferme. Trente-six gars finissent de charger, dans les véhicules, les cantines préparées depuis le début de l'après-midi. Tout s'effectue sans affolement et respecte une logique d'embarquement du matériel réparti par groupes afin d'en faciliter la récupération une fois sur le terrain. Pour avoir maintes fois répété ces gestes lors de chaque départ en opération, il règne une grande sérénité dans ce chassé-croisé où aucun déplacement du personnel n'est le fait du hasard.

Le Mystère 20 s'est positionné en bout de piste. Le pilote effectue le point fixe et libère la puissance de l'appareil qui, au bout de quelques secondes de contact avec le sol, lève le nez pour prendre rapidement de l'altitude dans une trajectoire très inclinée.

– Eh ! Regardez par le hublot !

En bas, l'A86, parallèle à notre axe de décollage, est toujours autant chargée de voitures qui ne sont plus pour nous qu'une succession de pâles lueurs blanches et de points lumineux rouges diminuant au fur et à mesure de notre montée.

– Là ! Vous les voyez ?

Mon index, appuyé sur le plexiglas du hublot, tente de guider les regards de Denis, l'Écureuil, Dédé et Nanard vers ce que j'essaie de leur montrer.

– Ah, oui, je les vois. Ça doit être eux.

Eux, ce sont les gars de l'unité. Dans le flot de circulation, progressant plus vite que les autres, on aperçoit une dizaine de véhicules renvoyant un scintillement bleu dans la nuit bien installée maintenant. Ils se dirigent vers Roissy pour y embarquer dans l'Airbus d'Air France avec lequel ils nous rejoindront à Palma. L'avion, en s'inclinant légèrement sur l'aile gauche, effectue un virage pour s'orienter plein Sud. Les lumières de la région parisienne jouent à cache-cache à travers les filaments effilés des nuages que nous atteignons en gagnant toujours, mais de façon plus douce, de l'altitude.

Je n'ai pas sommeil mais ferme les yeux durant quelques courtes minutes pour essayer de me décontracter. Tenter de ne penser à rien, faire le vide. Je n'y parviens pas vraiment. Denis et l'Écureuil sont également plongés dans leur propre mutisme. Je regarde ma montre. Nous volons depuis dix-huit minutes exactement.

À travers le hublot, mon regard vient s'abandonner sur l'épaisse ouate nuageuse.

Aussi loin que ma mémoire me permet de remonter dans mes souvenirs, j'y retrouve Joël, un copain. L'année 1975 vient de débuter et nous voit tous deux marchant décidés dans les froides artères de Voiron. Nos pas nous guident avec précision dans les rues de cette ville que nous connaissons bien pour les avoir arpentées au cours de notre insouciante jeunesse. Nous avons vingt-deux ans et il a décidé de déposer une demande de candidature pour entrer en Gendarmerie.

Depuis la veille, il m'a annoncé sa décision. Surpris, je lui ai répondu qu'intégrer cette institution équivaut à rentrer dans l'armée.

– Tu sais comme moi que l'un comme l'autre, nous n'aimons pas être dirigés. On a vraiment du mal avec les ordres et le commandement tous les deux. Tu y as pensé ?

Il m'a expliqué qu'il s'agissait là d'un choix mûrement réfléchi.

– Il me semble avoir déjà fait le tour de mon boulot. Je me vois mal à l'usine jusqu'à soixante-cinq ans. Et puis, ne crois pas qu'il n'existe ni hiérarchie ni ordres dans les entreprises.

Je me suis donc engagé à l'accompagner le lendemain.

En rentrant chez moi le soir, j'avais téléphoné à mon oncle Roland, adjudant-chef dans l'armée de l'air. La conversation avec mon copain avait aiguisé ma curiosité et j'éprouvais le besoin d'avoir l'avis de mon parrain. Il m'avait dit, par rapport à la voie qu'il avait suivie, qu'un engagement dans la gendarmerie correspondrait davantage à ma personnalité qu'il connaissait bien pour être très proche de moi. Il avait alors évoqué quelques intérêts du métier de gendarme auxquels je n'avais pas pensé pour ne m'y être jamais intéressé jusqu'à ce jour. La responsabilité, le placement au service des autres ainsi que l'évolution possible de la carrière durant le parcours professionnel tant dans l'accès à des promotions en grades qu'à de nombreuses spécialités.

Après avoir remonté la longue rue à l'extrémité de laquelle se trouve la brigade, j'emboîte les pas de Joël franchissant le seuil du vieux bâtiment où siège la Gendarmerie.

Ces pas timides que j'effectue sur la pointe des pieds, presque à reculons, vont me lier pour une importante période avec cette institution alors qu'à cet instant précis, je suis à mille lieues de vouloir m'y engager. En refermant la porte derrière moi, je suis loin d'imaginer que celle-ci va me retenir de longues années dans cet univers inconnu que je découvre alors.

En haut des quelques marches qui mènent à un demi-étage, un gendarme de taille moyenne nous accueille d'un sourire qui colle parfaitement à un accent pointu qui trahit ses origines du sud de la France. Une franche poignée de mains et, après les présentations d'usage, Joël qui explique l'objet de sa venue avant de le suivre jusqu'au bureau installé dans un coin de la pièce où le représentant de l'ordre l'invite à prendre place sur une simple chaise en bois face à lui.

Des bribes de leur conversation me parviennent alors que, leur tournant le dos, je suis en train de découvrir, étonné, le vaste monde de la gendarmerie. Mon regard s'émerveille devant les posters punaisés sur le mur auquel je fais face. J'y découvre des motards avec leurs rutilantes machines, des plongeurs équipés émergeant près de leur Zodiac, une vedette surfant sur les vagues, survolée par un hélicoptère bleu marine et ornés tous les deux de l'inscription Gendarmerie Nationale. Sur une autre image, celle-ci est peinte sur les portières d'un Land-Rover stationné sur le bord d'un lagon vers lequel s'inclinent des cocotiers. Et je la retrouve gravée sur la coque d'une pirogue franchissant les sauts tumultueux d'un fleuve guyanais où l'un des gendarmes embarqués observe, à travers des jumelles, l'épaisse forêt bordant les rives.

Je n'imaginais pas toutes ces spécialités, n'ayant vu jusqu'alors les gendarmes que sur le bord des routes. Les vues des affiches murales m'avaient emmené loin, bien loin de Voiron. Une voix amie me sort de mes rêves éveillés.

– Ca y est, c'est bon... entame Joël à mon intention.

Mais avant qu'il n'ait le temps de rajouter « on peut y aller », le brigadier m'a déjà lancé, usant d'un sourire hypnotique, un « Venez, c'est à vous maintenant » qui me semble ne souffrir aucun refus possible. Mon pote pose sur moi un regard interloqué lorsqu'il me voit emboîter les pas du gendarme jusqu'à son bureau. Ses mots choisis, servis par son chaleureux accent chantant ont fini de convaincre celui dont les pensées sont encore perdues dans les photos découvertes quelques minutes plus tôt.

Nous franchissons le portillon métallique de la brigade.

– Ben voilà, c'est fait.

Après de longs mois, j'allais recevoir ma convocation pour effectuer mon stage de formation à l'école de Gendarmerie de Montluçon à la date du 1er décembre 1976.

– Désirez-vous une boisson ?

La voix du steward me ramène à neuf mille mètres d'altitude. Je quitte les nuages pour revenir dans la confortable cabine du Mystère avec lequel nous avons décollé de Villacoublay. J'y retrouve Denis et l'Écureuil ainsi que Nanard et Dédé. Je regarde ma montre. Un peu moins d'une heure que nous volons.

– Je veux bien un verre d'eau, s'il vous plaît.

– J'espère que nos ministres vont réussir à convaincre leurs homologues algériens de nous laisser intervenir.

– Le mieux serait qu'on n'en arrive pas là, répond Denis à

l'Écureuil. L'idéal pour tout le monde serait que les négociateurs à Alger parviennent à un compromis avec les pirates de l'air et qu'ils libèrent les otages avant de se rendre aux autorités.

– Vous y croyez réellement ? dis-je en m'invitant dans la discussion. Moi, je ne les vois pas se livrer. Après ce qu'ils ont fait, ils savent que s'ils se livrent, c'est la mort qui les attend.

– Non, c'est vrai, répond Denis, je n'y crois pas vraiment. En exécutant un otage moins d'une heure après s'être emparé de l'avion et de ses passagers, ils ont voulu d'emblée montrer qu'ils comptaient être pris au sérieux dans le rapport de force qu'ils souhaitaient engager avec les autorités.

– Et afficher leur détermination pour faire aboutir leurs revendications. Mais je vois mal le gouvernement algérien céder à celles-ci, non ?

– Oui, les dirigeants politiques ont plutôt mis en place un régime répressif pour lutter contre la montée du terrorisme islamiste. Ils ne vont donc pas remettre dans le circuit les chefs historiques du FIS qui a été dissous. À peine dehors, ils s'appuieraient sur le GIA pour le faire renaître de ses cendres. Les autorités n'ont pas besoin de ça. Elles tentent déjà tant bien que mal de faire face à la violence qui se radicalise davantage de jour en jour...

Nous dissertons à cinq pendant quelques minutes sur la situation géopolitique de l'Algérie. Le steward vient chercher Denis, appelé pour la troisième fois par le pilote. Encore un coup de fil reçu dont il nous fait part dès qu'il nous a rejoints.

– On en sait un peu plus sur les preneurs d'otages. Les passagers qu'ils ont libérés ont été interrogés et ont pu apporter des éléments intéressants aux policiers algériens. D'abord, ils sont quatre. Quatre hommes. Il y en a, en permanence, deux à l'avant de l'appareil. Pour ce qui est de l'armement, les témoignages ne sont pas des plus précis, les otages n'étant pas des spécialistes. Ce qui est sûr, c'est qu'ils ont au moins une arme chacun. Un passager évacué, qui s'est présenté comme étant militaire, affirme quant à lui que l'un d'eux possède une Kalachnikov AK 47. Ils auraient également piégé l'avion à deux endroits. Les otages libérés ont parlé de deux bombes. Il faut aussi que je vous raconte comment ils ont abattu le deuxième passager. Ca situe les bonshommes...

– Mon commandant, il y a de nouveau un appel pour vous, l'interrompt le steward.

Je me dis qu'un poids terrible doit peser sur ses épaules. L'Élysée, Matignon, le Quai d'Orsay, l'Intérieur, la Défense, la direction de la Gendarmerie sont en train, à chaque appel, de lui mettre une belle pression sur le dos. Même si rien n'est sûr quant à une intervention de notre part. Il revient parmi nous et tente un léger sourire. En tout cas, il semble bien gérer tout ça. Il assure vraiment.

– C'est ça le rôle du patron ! Vous avez voulu faire des études, et bien voilà où ça vous a mené. Sans cesse emmerdé par le téléphone. Nous, on est tranquille.

Son sourire s'élargit devant ma plaisanterie.

– Bon, j'en étais où ? reprend-il.

– Vous deviez nous expliquer les conditions dans lesquelles était mort le deuxième otage exécuté.

– Ah oui. D'après ce qui m'a été indiqué, le premier, ils sont venus le chercher à la place qu'il occupait pour le conduire jusqu'à la porte contre laquelle se tenait toujours la passerelle. Ils ne l'ont pas choisi au hasard car ils l'avaient reconnu. Sans doute avaient-ils eu affaire à lui par le passé. Il était en effet commissaire de police. Un des terroristes l'a abattu pendant que la victime l'implorait de ne pas le faire. Puis il a jeté son corps sans vie sur le palier supérieur de l'escalier. C'était sur le coup de midi. Un peu plus tard dans l'après-midi, les pirates ont libéré soixante-trois passagers en deux fois...

– Oui, oui, la radio avait relayé cette information.

– Toujours selon les indications qui m'ont été données et que je n'ai pu recouper, la première vague d'otages relâchés a été conduite vers la porte. En la franchissant, pour descendre les marches qui représentaient la liberté pour eux, ils ont du enjamber le cadavre du policier gisant sur l'étroite plate-forme. Quand le dernier de la file s'est présenté pour emprunter les pas de ceux qui l'avaient précédé, le terroriste, celui qui avait déjà tué, s'est approché et l'a abattu d'une balle dans la tête.

– Putain... Quels salauds ! Ils donnent et reprennent. Ils libèrent et, dans le même temps, ils exécutent. Tu parles d'ordures !

– Depuis, les deux cadavres sont toujours sur le haut des escaliers. Les témoins de la deuxième vague d'otages libérés ont indiqué qu'il s'agissait d'un diplomate vietnamien.

– Alors eux, ils ont du se battre pour ne pas occuper la dernière place dans la file !

– Oh oui ! Mais là, ils ont eu plus de chance. Aucun n'a été abattu. Effectivement, le dernier a du baliser un moment.

– On aurait presque pu interpréter la libération des soixante-trois passagers comme une... euh, j'allais dire bonne nouvelle, plutôt comme une nouvelle positive s'ils n'avaient pas, parmi eux, tué encore une fois.

– On ne sait que penser de ces gestes terriblement contradictoires. En tout cas, les négociations sur place doivent être bien délicates. La partie s'annonce serrée.

Samedi 24 décembre – 22 h 30 – Aéroport de Palma de Majorque

H moins 42 heures et 40 minutes

L'avion perd de l'altitude depuis quelques minutes et entame sa descente sur les Baléares. Le pilote peaufine son approche vers l'aéroport de Palma. Sur les flots sombres reflétant la nuit, l'île de Majorque plus noire encore que les eaux, révèle ses côtes très découpées et son relief accidenté d'où émerge la haute silhouette du Puig Major. Les lumières de la ville et des quelques villages sur cette terre massive ne sont en rien comparables à celles de Paris et de sa région que nous avons quittées depuis un peu moins de deux heures. Nous nous posons sur une piste éclairée au minimum pour un atterrissage et l'avion vient se stationner sur le tarmac face à la tour de contrôle. L'aérogare est déserte. Nous la trouvons fermée par des cadenas et des chaînes après quelques pas bienvenus sur la terre ferme à la suite de ce vol.

Cinq minutes plus tard, le temps pour nous d'avoir constaté qu'en plus d'être vide, le vaste bâtiment aux larges baies vitrées est fermé, toutes les portes étant verrouillées voire enchaînées et cadenassées, trois employés de l'aéroport nous rejoignent. Nous ne comprenons pas leurs fonctions qu'ils ont pourtant du décliner en même temps que leurs noms lorsqu'ils se sont présentés à nous. Mais formulées en espagnol, cela ne nous avance guère et ressemble à un charabia incompréhensible malgré tout plutôt agréable à l'oreille. Denis leur demande s'ils parlent anglais. L'un d'eux le pratique couramment. Le dialogue va pouvoir s'amorcer entre nous. Il nous précise être l'aiguilleur de permanence au niveau de l'aéroport. Nous l'informons alors immédiatement de l'arrivée d'un second avion dans la nuit, l'Airbus A300 en provenance de Paris Charles-de-Gaulle. Sans doute affichons-nous, en le lui disant, un air un peu désolé car il nous répond que, de toute façon, il ne comptait pas se coucher de bonne heure ce soir, en cette veille de Noël. Puis se tournant vers les deux autres employés majorquais, il s'adresse à eux, dans un grand sourire en retrouvant sa langue maternelle. Nous captons quelques mots, *la familia, la hermana, los niños* et comprenons, malgré notre faible niveau d'espagnol, qu'il a fait venir pour réveillonner dans la tour de contrôle sa femme et ses enfants. Ce qu'il nous confirme en anglais.

Il est 22 h 45 lorsqu'il nous ouvre une pièce qui donne dans le hall d'arrivée. Par ce qu'elle renferme, elle honore toutes les demandes formulées par Denis auprès de l'aiguilleur. Il voulait une salle dans laquelle il y aurait un bureau. Il y en a un. Un téléphone et un fax avec accès au réseau international. Ils y sont et en état de fonctionner. Notre « guide » les contrôle et nous indique les codes à pianoter pour pouvoir accéder aux lignes extérieures.

Il voulait également cinq sièges. Il y a un fauteuil, deux chaises et deux tabourets. Nous les remercions. Ils ne demandent pas leur reste pour disparaître dans l'aérogare fantôme. On ne les verra réapparaître que lors de l'atterrissage de l'Airbus. Bien plus gais pour avoir commencé à fêter comme il se doit le réveillon. Nous ne regrettons qu'une chose après leur départ. Celle de ne pas leur avoir demandé une pièce qui, en plus de ce qu'elle contient, aurait été également équipée de cinq lits. Avec l'Écureuil, nous repérons les toilettes, soulagés de les trouver ouvertes, au cours d'un tour rapide dans le bâtiment. Toutes les autres portes sont verrouillées. Nous pouvons néanmoins accéder au tarmac.

Denis, pendant ce laps de temps, appelle la permanence afin que celle-ci répercute à ses correspondants du moment, le numéro de téléphone auquel il peut être joint. La commission sera bien faite et visiblement, l'information ne sera pas tombée dans l'oreille d'un sourd. Car au bout de quelques secondes seulement, la sonnerie retentit pour la première fois. Elle ne cessera pas de la soirée. Le combiné n'a pas le temps d'être reposé sur son socle qu'il faut déjà le décrocher de nouveau. Le téléphone est chaud bouillant tant il est utilisé. J'admire le calme de Denis qui fait face en répondant à tous les appels, donnant ainsi à ses interlocuteurs une belle leçon de sérénité. À chaque fois, il nous dit : c'était le Quai d'Orsay, c'était l'Élysée, encore le ministère de l'Intérieur, c'était la Défense ou c'était la Direction en parlant de celle de la Gendarmerie. Dans les brèves périodes d'accalmie, le relais est pris par la télécopie. La sonnerie du fax retentit trois fois avant de débuter l'impression de la feuille qui se déroule lentement de son rouleau. Même les communiqués de l'A.F.P. nous parviennent.

Nous apprenons qu'à Alger la situation n'a pas évolué. Les négociations sont au point mort. Le contact avec les preneurs d'otages est toujours établi mais il se passe parfois de longues périodes sans discussions possibles avec eux. Les autorités gouvernementales des deux pays, toujours en relation, ne parviennent pas à se mettre d'accord. Les dirigeants algériens souhaitent une intervention des Ninjas. Leurs homologues français souhaitent que celle-ci soit réalisée par le GIGN ou tout au moins que ses hommes soient présents sur l'aéroport Houari Boumediene pour assurer une assistance technique durant l'assaut. Toutes ces infos nous parviennent au compte-gouttes, transmises par le téléphone et le fax. Je fouille dans mon sac d'allègement.

– Ah ! Eh bien, en voilà une bonne surprise !

Je viens de découvrir, glissée à mon insu par ma très chère Fanfan, la thermos en inox brossé que nous avions achetée ensemble une quinzaine de jours auparavant dans un magasin suédois à Vélizy. En dévissant le gobelet et le bouchon hermétique, une bonne odeur de café chaud inonde la pièce. Je trouve aussi quelques clémentines et une plaque de chocolat. Je dépose tout ça sur le bureau. Cela complétera les barres de céréales et la bouteille de Perrier que j'avais mises dans le sac ce matin.

– Le menu du réveillon ! dis-je. Si vous aussi vous avez un peu de bouffe à rajouter à toute cette nourriture, ça va donner un repas de Noël gargantuesque !

L'Écureuil sort une boîte de gâteaux. Des Delacre, tout de même ! Lui aussi a également trois ou quatre barres de céréales. Et une bouteille d'eau. Plate. De Thonon. Nanard et Dédé sortent chacun une plaquette de chocolat noir. Denis n'a rien eu le temps d'emporter. Nous partagerons, évidemment.

– Pour le café, il n'y a qu'un gobelet. Donc, ce sera chacun son tour.

Je pense à Fanfan. Je me demande à quel moment elle a préparé la thermos. Il me semblait qu'elle ne m'avait pas quitté pendant que je confectionnais mon sac, passant d'une pièce à l'autre. Si, sans doute lorsque j'étais allé bisouiller Romain. Je les imagine à l'heure qu'il est. Lui doit dormir à poings fermés. Elle doit veiller, seule. J'espère seulement qu'elle ne s'inquiète pas trop.

L'équipage du Mystère 20 nous rend une petite visite. Ils viennent s'enquérir de la façon dont nous comptons passer la nuit et proposent, pour que celle-ci nous soit plus confortable, que l'on s'installe avec eux dans l'avion. Nous refusons leur sympathique proposition car il nous faut rester près du téléphone. Il est, de plus, hors de propos d'abandonner l'un de nous à cette tâche. Nous sommes cinq et, comme une équipe soudée, nous comptons vivre les événements à venir dans les mêmes conditions. Il n'est pas question de se séparer. Cela ne nous viendrait même pas à l'idée. Autour du café que l'on partage en faisant circuler le gobelet de main en main, débute une agréable conversation. À l'évocation de ce réveillon particulier, ils nous répondent que cela fait partie des aléas de leur profession, de notre profession rajoutent-ils en nous incluant dans cette catégorie de personnes qui ne savent jamais vraiment de quoi demain sera fait. L'un d'eux dit que cela lui convient bien car il n'aime pas les fêtes de fin d'année.

– T'as sans doute pas toujours pensé ainsi, l'interroge le pilote. Quand tu étais petit, j'imagine que tu étais bien content de découvrir des jouets au pied du sapin et de te laisser transporter par la magie du moment, non ?

– Non, même pas. Ça ne m'a jamais plu et je ne sais pas pourquoi ou, du moins, je n'ai pas cherché à comprendre, à trouver une explication. Enfin si, cela vient de mes parents qui organisaient Noël par tradition, parce qu'il fallait le faire mais où je n'ai jamais ressenti la chaleur, le réconfort de l'amour que j'aurais aimé y trouver plutôt que les cadeaux qu'il me fallait ranger tout de suite dans ma chambre sans pouvoir en profiter sur l'instant. Enfin, voilà... Ceci dit, je fais un effort tous les ans pour les enfants, ma femme, la famille. Je ne donne l'occasion à personne de voir qu'en fait, ça me gonfle. Bon, c'est comme ça...

Nous sentons qu'il ne veut pas développer davantage son point de vue sur le sujet. Le reste est sans doute de l'ordre du privé et lui appartient. Il nous a néanmoins révélé un pan de sa personnalité que ses proches ne connaissent pas. C'est souvent lors d'instants qui nous sortent des habitudes routinières de la vie, et plutôt en petit comité comme c'est le cas ce soir, que de telles confidences émergent dans ces conversations intimistes. J'ai, à plusieurs reprises, remarqué cela. Notamment lors de longues nuits passées, lors d'une période étalée sur quelques mois, à observer, à deux ou trois dans des conditions plus que rustiques, les allers et venues de chefs et de membres actifs appartenant à la mouvance armée Iparretarrak. Ces conditions avaient été idéales pour que chacun s'y livrât sans fausse pudeur. Plus jeune, j'avais aussi observé ce phénomène lorsque, pour me déplacer, je pratiquais l'auto-stop. Après quelques dizaines de kilomètres passés en compagnie de la personne qui m'avait gentiment pris dans sa voiture, je quittais celle-ci en connaissant une bonne partie de sa vie et souvent dépositaire de révélations très personnelles. Dans ces moments-là, il est sans doute aisé de se confier. On se libère de choses que l'on ne parvient pas à dire à ses proches. Et il est plus facile de le faire à l'étranger dont on croise la route et que l'on sait ne plus jamais revoir.

Le téléphone hache régulièrement la discussion.

– C'est vrai qu'à cette période de l'année, nous sommes souvent mis à contribution pour transporter le Président, le Premier ministre et quelques membres privilégiés du gouvernement. Nous volons pas mal entre Noël et Nouvel An.

– Là, c'est bien. Cela nous change de toutes ces autorités. Et ça fait plaisir de vous convoyer. Il est rare pour nous de côtoyer le GIGN. Dites donc, c'est une sacrée opération qui vous attend là...

– Oui mais pour l'instant, nous ne sommes qu'en stand-by. Préparés et prêts à intervenir. Il est vrai que si nous devions le faire, ce serait une action délicate à entreprendre. Nous faisons face, là, à une prise d'otage massive. Et les risques sont importants. Heureusement que ce genre d'affaires n'arrive pas fréquemment, intervient Denis tout juste après avoir raccroché le téléphone.

Pour zapper un peu le sujet, je demande au pilote et à son second s'ils avaient déjà eu l'occasion, lors d'une de leurs missions, d'atterrir à Majorque. Pour l'un comme pour l'autre, c'est une première. Quelques minutes plus tard, ils nous souhaitent une bonne nuit, on devrait plutôt vous dire bon courage rajoutent-ils immédiatement.

– Je leur ai demandé ça parce que moi, je suis déjà venu ici.

– En vacances ? m' interroge l'Écureuil.

– Non. Avec un avion du GLAM, s'il vous plaît. Eh oui, les gars ! Et je me disais que l'un d'eux avait peut-être été dans ce coup-là.

– Ah bon ? Mais à quelle occasion c'était ?

– Avant que les gars de l'Escadron para récupèrent la mission, le GIGN a assuré, pendant à peine plus de trois ans, la sécurité du Ministre de la Défense. Je ne sais pas si tu étais déjà chez nous.

L'Écureuil me répond qu'il n'a intégré le Groupe qu'un an plus tard après que je lui ai précisé l'année de mon séjour à Majorque.

– Faut que je vous raconte un sketch à ce propos. Je faisais équipe avec Nanard en protection pour ce séjour. On a du rester à peu près huit jours ici. Il faut imaginer que c'était l'été. Un monde fou dans l'île. Je peux vous dire que l'aéroport n'était pas fermé et qu'une noria d'avions allait et venait sur la piste. Rien à voir avec aujourd'hui. Il faisait super chaud et, en fin de matinée, le ministre décide de profiter de la plage avec son épouse. Là, il se fond dans la masse des touristes, affichant le look peu sportif des mecs de sa tranche d'âge, avec son ventre en avant qui débordait sur son slip de bain. Bref... À un moment, il se dirige vers l'eau. Je l'accompagne. Nanard reste sur la plage et nous suit du regard. Le ministre avance dans l'eau, qui était super bonne, jusqu'à ce qu'il en ait à peu près à la taille et là, vous savez ce qu'il me dit ?

– Qu'elle est trop froide ? Je ne sais pas, moi. Ou qu'il en a déjà marre ?

– Non, non. Il me dit : « Je ne sais pas nager ». Ben, qu'est-ce que tu veux que je réponde à ça ? Je lui dis quelque chose comme, si vous restez là, il n'y aura aucun problème. Et là, il me fait un truc... je le vois encore. Il s'agenouille dans l'eau. Du coup, elle lui vient presque au niveau des épaules. Et là, il se met à tendre les bras sous l'eau, devant lui, et à faire les mouvements de la brasse tout en avançant sur les genoux. Puis il crie le prénom de sa femme pour qu'elle le voit et il hurle : « Regarde comme je nage bien ! ». Moi, j'étais à côté de lui, debout, avec de l'eau à la taille. J'imagine donc qu'elle n'a pas été dupe. J'ai regardé Nanard et j'ai senti qu'on allait choper un fou rire. J'ai vite tourné la tête vers le large. Nanard, lui, a regardé à l'opposé de l'épouse du ministre. On était morts de rire tous les deux. Et là, je me suis dit, ah, ils sont bien ceux qui nous gouvernent. À travers une pensée toute amicale pour avoir côtoyé et beaucoup apprécié cette personne.

Samedi 24 décembre – 23 h 30 – Aéroport de Palma

H moins 41 heures et 40 minutes

On profite d'une accalmie téléphonique pour entamer notre repas du réveillon. Un vrai repas de fête ! Après quelques gâteaux secs comme mise en bouche, nous apprécions comme il se doit les clémentines accompagnées d'une barre de chocolat. En faisant preuve d'imagination, de pas mal d'imagination, les barres de céréales peuvent ressembler, en les regardant vite il est vrai, à de petites bûches de Noël. C'est pour cette raison que nous les « dégustons » à la fin de notre dîner.

– Quelqu'un reprendra du dessert ?
– Merci mais j'ai trop mangé. Peut-être un peu plus tard, après une pause...

Les deux employés majorquais font irruption dans la pièce. Ils ont aussi débuté leur réveillon. Je ne sais pas si leur repas est meilleur que le nôtre. Sans doute. Mais visiblement, ils sont mieux équipés que nous en boissons alcoolisées. Ils ne seront pas trop de deux, du coup, pour tenter de nous faire comprendre ce qu'ils ont à nous dire. D'abord parce qu'ils ne maîtrisent pas bien la langue anglaise et ensuite parce qu'ils sont légèrement éméchés. Ils nous indiquent que leur collègue est resté à la tour de contrôle et nous comprenons, après que l'un d'eux mime un avion en écartant les bras à l'horizontale pendant que le second cherche ses mots, que l'Airbus de nos gars est sur le point d'atterrir.

Avec l'Écureuil, Dédé et Nanard, nous abandonnons Denis à sa permanence téléphonique et sortons dans la nuit froide. Le ciel est dégagé et parmi les étoiles, nous repérons assez rapidement les clignotants rouge et vert de part et d'autre d'un puissant phare qui grossit en se rapprochant de l'axe de la piste. Le bruit des moteurs inversés déchire le silence de l'île. En bout de piste, le projecteur balaie la rase végétation quand l'avion entame son demi-tour pour se diriger vers l'aérogare où, armé de deux cercles lumineux en bout des manches prolongeant ses bras, l'un des deux employés le guide jusqu'à son arrêt complet. Minuit est passé depuis quelques minutes lorsque les marches de l'escalier roulant que nous gravissons nous renvoie l'écho métallique de nos pas. En franchissant la porte de la carlingue, je retrouve les visages amis, quittés un peu tôt, en fin d'après midi. Leur voyage s'est bien déroulé. Luxe suprême, ils ont eu droit à un plateau repas pour égayer leur réveillon. Nous n'avons pas d'élément nouveau à leur donner, la situation n'ayant pas évoluée durant les dernières heures. Si ce n'est que nous ne bénéficions pas d'une quelconque structure pour dormir. Et, par conséquent, si la nuit devait se passer à Palma, et cela semble en prendre le chemin, ils se verraient dans l'obligation de dormir à l'intérieur même de l'avion. À eux de s'y installer le plus confortablement possible. Nanard et Dédé décident de rester dans l'Airbus où ils ont retrouvé La Drume. Ils vont en profiter pour discuter des négociations qu'ils pourraient être appelés à mener.

Après avoir échangé quelques mots avec les gars de mon groupe, je retrouve Philippe et Bouffy avec qui nous nous dirigeons vers le « bureau » de Denis. Au vu des dernières liaisons établies avec la cellule de crise, nous convenons que le mieux à faire dans l'immédiat est d'essayer pour tous de se reposer. Tandis que je vois repartir mes copains vers l'Airbus, je distribue au commandant et à l'Écureuil deux des trois plaids que j'ai empruntés tout à l'heure lors de ma visite dans l'avion. Nous nous enroulons dedans à même le carrelage pour tenter de trouver un sommeil qui tarde à venir. J'essaie d'oublier l'inconfort de la situation ainsi que son contexte.

J'oriente mes pensées vers mon épouse. Les derniers mois, au cours desquels je l'ai vu prendre d'harmonieuses formes rondes. Puis son admission à la clinique. L'accouchement auquel j'ai assisté. Et Romain. Qui, en l'espace de trois mois a tant changé. Je ne parviens pas à dormir. Et eux, à mes côtés, ont-ils rejoint les bras de Morphée ? Je n'ose bouger, des fois qu'ils y soient parvenus. Je pense à Denis qui doit sans doute avoir du mal à se plonger dans son sommeil. Avec la pression énorme qu'il doit ressentir. Connaître ses hommes, savoir qu'il peut en toute confiance s'appuyer sur eux et sur la force qu'ils constituent n'est sans doute pas suffisant pour l'alléger du poids de la responsabilité de l'opération, si opération il devait y avoir. Sur une intervention d'une telle envergure, il se devra de donner le « Top action » au bon moment mais ce n'est qu'après qu'il sera assuré d'avoir fait le bon choix quant à sa décision d'engagement.

Et dans l'avion stationné sur le tarmac à quelques mètres de nous, où en sont-ils ? Sur les trente-six gars, il en est toujours deux ou trois qui, ne parvenant pas à dormir, chuchotent ou discutent et finissent par gêner les autres. Et là-bas, plein sud, à peine à plus de trois cents kilomètres d'ici, comment peut donc se passer une nuit pour cent soixante-treize passagers pris en otages ? Ça m'étonnerait qu'eux parviennent à trouver le sommeil. Je prends quelques profondes inspirations que j'évacue en de longues expirations. Dominer sa respiration pour réguler les battements de son cœur en oxygénant bien son sang. Mes paupières commencent à peser. Je me laisse prendre par la nuit dans laquelle je m'abandonne à des rêves qui ne sont que souvenirs.

Nous sommes cent vingt à nous présenter à Satory en cette semaine de 1982 qui va voir l'automne prendre le relais de ce qui aura été un bel été. Cent vingt candidats à avoir répondu au message de la direction de la Gendarmerie, diffusé au niveau national dans toutes les unités en France. L'objet de celui-ci, que je guettais déjà depuis de longs mois, est la recherche de volontaires afin de participer aux tests de sélection effectués par le GIGN. Cela fait plus de cinq ans que je fais partie de l'escadron de gendarmerie mobile de Dijon. Depuis ma sortie d'école de Montluçon, à la fin du printemps de l'année 1977. Au cours de ce stage, j'ai été remarqué par mes qualités physiques qui m'ont permis de battre à plusieurs reprises les records du parcours du combattant et de la marche commando. À chaque fois, cela me valait l'obtention d'une permission de quanrante-huit heures. Aussi étais-je motivé. Le staff du service des sports de l'école m'a indiqué qu'il serait bon que je m'oriente vers la spécialité de moniteur et après moult demandes, j'ai intégré l'École Interarmées des Sports basée à Fontainebleau, pour y effectuer une formation de six mois qui a débutée en janvier 1982. Mais entre temps, une autre idée s'est immiscée dans mon esprit après que j'ai lu des articles de journaux et un livre consacrés à une unité prestigieuse connue par les quatre lettres de son sigle, GIGN. Je rêve d'en faire partie. Puis j'ambitionne de réaliser ce rêve en mettant tous les atouts de mon coté, en me préparant au mieux. À l'été, je sors affûté du stage de moniteur de sport de l'E.I.S. et poursuis sur ma lancée en m'imposant de dures séances de course, de boxe anglaise, de natation et en multipliant des répétitions de tractions, pompes, abdos et grimpers de corde entre autres.

Tout en m'échauffant dans le gymnase, j'observe les autres candidats aux tests. Les débardeurs et tee-shirts révèlent les physiques cachés jusqu'alors par les tenues uniformes dont nous étions tous revêtus lors de l'accueil le matin même. À part une dizaine de gars qui ne semblent pas être préparés à affronter une telle semaine d'épreuves, comme s'ils étaient entrés là pour y avoir vu de la lumière, les autres apparaissent assez affûtés. Néanmoins, je ne fais aucun complexe avant de débuter les premiers tests de la semaine qui consistent à réaliser un maximum de tractions à une barre fixe, ainsi qu'en pompes et en abdominaux, puis établir le meilleur chrono possible lors d'un grimper de corde bras seuls. On passe successivement du rôle d'acteur à celui de spectateur, et au bout de quelques minutes, l'ambiance se décontracte et les candidats s'encouragent mutuellement sans aucune rivalité. Il me semble, après avoir réalisé vingt-cinq tractions, un peu plus de cent pompes, deux cents abdos et un temps de cinq secondes pour un grimper uniquement avec les bras, que seul un concurrent appartenant à la section gymnastique de la Garde Républicaine a fait mieux que moi. J'accumule un peu de confiance avant l'épreuve de la marche commando dans laquelle je pars très vite, sur des bases un peu élevées pour moi. Le premier kilomètre est effectué très rapidement. Il en reste encore sept. Mon gabarit me permet de bien supporter le sac à dos de onze kilos avec lequel s'effectue ce test. En fait de marche, il s'agit d'un parcours que l'on réalise en courant de bout en bout. À mi-parcours, je suis en tête et sens mes jambes se durcir. Mon souffle est saccadé et j'ai la poitrine en feu. Je repense aux années durant lesquelles je faisais des compétitions de cyclisme, et à toutes les ascensions de grands cols effectuées lors d'entraînements et de courses. J'y ai appris à souffrir. Sans rien lâcher. Et je compte bien ne rien lâcher dans cette épreuve. Ma motivation est grande. N'y a-t-il pas à la clé la possibilité d'intégrer le stage de formation du GIGN ? Je franchis la ligne en seconde position de mon groupe. Les cent vingt candidats ont été divisés en trois groupes. Lorsqu'ils en ont tous terminé, je vois que je bénéficie du cinquième temps à une minute seulement du premier. Puis il y a les épreuves de tir au fusil et au pistolet automatique. Il est difficile pour moi de me situer par rapport aux autres car cela se déroule par série de quelques tireurs. J'ai la sensation d'avoir réalisé des tirs relativement moyens et ne suis pas très satisfait de ma prestation. Les jours se succèdent et les disciplines aussi. Les visages commencent à laisser apparaître la fatigue et le stress accumulés. Nous enchaînons trois épreuves de natation dans un bassin de cinquante mètres. On débute par une longueur chrono puis une seconde est effectuée avec les pieds entravés et les mains liées dans le dos. Ce test est particulièrement difficile et éprouvant. Les maîtres nageurs sauveteurs du GIGN plongent très fréquemment pour assister des candidats qui se seraient noyés sans leur intervention. Sur cent vingt, nous ne sommes que douze à réaliser totalement ce test. Enfin, cinquante mètres sont à parcourir sous l'eau en apnée. Pour ce qui est des épreuves de piscine, je termine deuxième. La confiance, à l'issue, renaît en moi. J'arrache la meilleure performance lors du parcours du combattant, une discipline découverte et tant appréciée au cours de mon stage en école de Gendarmerie. Quelques contrôleurs, sous-officiers déjà affectés au GIGN, viennent me féliciter et m'encourager. Cela me donne un moral de vainqueur. C'est d'ailleurs ainsi que je compte aborder les tests d'agressivité. Je suis assez confiant pour avoir pratiqué, durant plusieurs années, la boxe anglaise, et avoir combattu en compétition. La liste des assauts est affichée. Je m'écarte pour m'échauffer tranquillement. Un candidat s'approche de moi sans que j'interrompe pour autant mes mouvements. Il use d'un ton que l'on utilise lorsque l'on veut s'excuser.

– J'ai remarqué depuis le début que tu étais très fort ...

– Mmmh ...

– On va combattre l'un contre l'autre tout à l'heure, rajoute-t-il mal à l'aise, je voudrais te demander d'y aller doucement parce que j'ai une dent sur pivot...

Je l'interromps sèchement.

– Ce n'est pas mon problème ! Moi, je suis là pour entrer au GIGN, pas pour faire de la danse classique.

Je le vois blêmir quelque peu, faire demi-tour sans rien rajouter et s'isoler pour s'échauffer. Je n'éprouve aucune animosité à son égard. Il a, du reste, l'air plutôt sympathique. Mais je n'ai pas le choix. Je dois gagner ce combat. Ceci dit, en le voyant s'éloigner, je sais que psychologiquement, il part déjà battu. En enjambant les cordes pour monter sur le ring, j'ai une pensée fugitive pour Roger Ménétrey, mon idole lorsque j'avais dix-sept ans. Ce champion d'Europe de boxe était un formidable puncheur qui a pratiquement gagné tous ses combats par KO. Je me concentre de nouveau très rapidement lorsque l'on nous enfile les équipements de protections, gants, casques, protège-tibias et protège-pieds. Je fixe le regard de mon adversaire. Il baisse les yeux. Je sens qu'il a peur. Une sonnerie retentit. Dring ...

Je sursaute sur le carrelage froid.

– Putain c'est le téléphone !

J'aperçois Denis qui se redresse pour décrocher le combiné. Décidément, cette nuit ne sera faite que de bribes de sommeil. Au bout de quelques échanges, il raccroche.

– Rien de spécial, enchaîne-t-il, ils tentent toujours de faire fléchir le gouvernement algérien pour que l'intervention nous revienne. Ils m'ont dit qu'ils ne bougeraient pas de cette position. Ça va ? Vous avez pu dormir un peu ?
– Oui, sans doute. J'étais en plein rêve. Revenu au cœur de ma semaine des tests GIGN.
– Ca fait un beau petit bon en arrière, répond-il dans un bâillement de fatigue.
– Quand j'ai entendu la sonnerie, j'étais sur le ring des tests d'agressivité et j'ai cru que c'était le signal de début du combat. Je me souviens que mon adversaire m'avait dit qu'il avait une dent sur pivot afin que je sois cool avec lui.

– Ah bon ? Dis donc, il ne manquait pas d'air celui-là !

– Ouais ! Quand ça a débuté, je me suis avancé vers lui en ayant remarqué sa garde un peu large. D'entrée, je lui ai décroché une puissante droite au menton. Il s'est écroulé dès mon premier coup. KO. L'arbitre ne s'est même pas embêté à le compter. Le médecin est arrivé, lui a retiré son protège-dents, l'a aspergé d'eau et l'a ventilé. Il a eu du mal à retrouver ses esprits. À ce moment précis, j'étais avec Roger Ménétrey. Je me disais qu'il aurait été fier de moi. Un quart d'heure après, mon adversaire est venu me voir avec un sourire retrouvé. Tout allait bien pour lui, sa dent sur pivot était toujours en place. Quant à moi, j'ai terminé premier sur l'ensemble des tests et une nouvelle vie allait commencer. Une aventure humaine débutait. J'étais retenu pour intégrer le GIGN.

– Pour la prochaine séquence de sommeil, tâchez de trouver un rêve plus reposant.

– Oui, vous avez raison, je vais essayer. Bonne nuit. Enfin... si je puis dire.

H moins 38 heures et 35 minutes

Je m'enroule un peu dans le plaid. Malgré lui, j'ai froid. Il va être difficile de retrouver le sommeil. D'ailleurs, je ne me suis toujours par rendormi lorsque retentit de nouveau une sonnerie une demi-heure plus tard. C'est celle du fax qui imprime, avec quelques secondes de décalage, le message adressé depuis le ministère de l'Intérieur. Il y est demandé que l'on se tienne près en vue d'une intervention sur l'aéroport d'Alger. Denis, après l'avoir lu, se saisit du combiné. Il veut des précisions. Tout en composant le numéro, il nous demande d'aller prévenir les gars et les équipages dans les avions.

– Passez votre coup de fil d'abord. Il sera toujours temps de le faire selon ce qu'ils vous auront dit.

La discussion ne dure pas très longtemps. Nous n'entendons que les réponses de Denis à cette voix inconnue, sans doute celle d'un correspondant haut placé. Le commandant émet des exigences, suggère des demandes à faire auprès des autorités algériennes, veut des garanties. Il raccroche, l'air un peu soucieux.

– Vous avez bien fait de ne pas aller réveiller tout le monde.

Il marque un bref temps d'arrêt qui ne nous permet pas de poser la moindre question et il poursuit.

– Alger n'a pas émis un accord franc pour une intervention de notre part mais a simplement évoqué ce cas de figure comme une éventualité. En contrepartie, j'ai besoin de garanties et de renseignements plus précis. La situation doit être nette. Tout doit être éclairci si nous nous posons là bas. Ils doivent rappeler. Pour l'instant, on reste en stand-by.

Un coup d'œil à ma montre m'indique qu'il n'est que 3 h 25. J'effectue quelques mouvements pour tenter de me réchauffer.
– Vous avez réussi à dormir ?
– Par épisodes. De trop courtes fractions mais ça va, je ne me sens pas trop fatigué.

– Ca vous dit un petit café ? Il doit bien en rester un fond dans la thermos. Il n'est peut-être pas très chaud mais ça nous fera du bien.

La bonne surprise, c'est qu'il y en a suffisamment pour nous trois et qu'il a conservé une température plus qu'acceptable. En le buvant, il nous déclenche quelques frissons. Un peu de froid qui s'évacue du corps. Nous grignotons quelques gâteaux secs pour nous faire patienter dans l'attente de l'appel qui ne vient pas. Toujours la partie diplomatique acharnée, engagée entre les politiques des deux pays. Nous finissons par nous enrouler dans les plaids et retrouver le confort du sol carrelé.

– Moi qui aime les matelas durs, je suis servi...

Comme dans les films, les bonnes comédies, à peine nous venons de nous allonger que résonne dans la pièce la sonnerie du téléphone. Denis nous révèle qu'à cet instant précis, il n'est plus question pour le GIGN d'intervenir à Alger. Les autorités locales refusent, entre autres, de sécuriser l'aéroport. Elles ne veulent pas le fermer au trafic aérien.

– Finalement, en politique c'est comme à l'armée. Après un ordre, il faut toujours attendre le contre-ordre.

– Pour éviter le désordre, poursuit l'Écureuil en conclusion de ma phrase.

Le silence se fait. Nous restons là-dessus et chacun de nous se replonge dans ses pensées. Celles-ci seront régulièrement dérangées par de nouveaux appels et arrivées de télécopies.

– Vous auriez mieux fait de rejoindre les gars dans l'Airbus. Au moins, vous auriez dormi davantage, nous dit Denis.

– Non, on est arrivé à trois, on reste à trois. On n'allait pas vous laisser seul alors qu'on est ensemble depuis le début...

H moins 35 heures et 10 minutes

À 6 heures du matin, n'y tenant plus de n'avoir pu retrouver le sommeil, j'abandonne la légère couverture en fibres polaires pour entamer un tour hors de l'aérogare déserte. Pour qui aurait observé les avions garés sur le tarmac, jamais il n'aurait pu imaginer un seul instant qu'au cœur de ceux-ci dormaient ou se reposaient une cinquantaine d'hommes récupérant d'un drôle de réveillon. Dehors, tout est tranquille. Il n'est pas un bruit de civilisation qui me parvienne. En fermant les yeux, il m'est difficile de croire que je ne suis qu'à quelques encablures d'une agglomération de plus de deux cent cinquante mille habitants. Tout est silence. Les oiseaux, en s'éveillant, font entendre leurs chants et semblent se répondre de buissons en arbustes. Des petits groupes de chauve -souris volètent autour de moi avant de s'éloigner. J'aime beaucoup ce moment ou l'on attend les primes lueurs de la journée. Guetteur espérant voir l'aurore. Seul face à l'aube naissante. Et je connais la récompense de ces instants. La douce et timide caresse des premiers rayons du soleil. En cette matinée de Noël, je suis impatient qu'il se lève car dès qu'il m'atteindra, il me réchauffera et effacera d'un coup le souvenir de cette mauvaise nuit.

Dimanche 25 décembre – 10 heures – Aéroport de Palma

H moins 31 heures et 10 minutes

Les deux portes arrière de l'Airbus s'ouvrent dans la même seconde et, dans la lumière qui d'un coup éclaire le fond de la carlingue, je vois jaillir deux silhouettes qui se jettent en appui vers la queue de l'avion. Puis deux autres, pratiquement collées à celles qui les ont précédées, se positionnent vers les rangs vides des passagers. La rapidité de mise en place, dans un même mouvement de part et d'autre tel un ballet maintes fois répété, me surprend une fois de plus. Immédiatement derrière, pénètre une grappe unie de trois gars, pointant leurs armes au bout de leurs bras légèrement fléchis en direction du cockpit contre les cloisons duquel j'ai pris position. De chaque coté des rangées centrales de fauteuils, ils progressent vers moi par les étroites allées. Une image de puissance, de force se dégage. Un rouleau compresseur qui avance semblant impossible à arrêter. Avec les vêtements, le matériel et l'armement, ce sont trois cent trente kilos de muscles et d'équipement lancés dans ma direction. Une masse sombre et impressionnante. Derrière, deux autres silhouettes à peine décrochées quittent à tour de rôle l'axe de progression lorsqu'elles arrivent à hauteur des portes qu'elles rencontrent, qu'elles ouvrent et ou elles font mine de déclencher les toboggans. Le trinôme est parvenu à ma hauteur, armes pointées sur moi. Au niveau du galley, un appui fait face aux sièges vides. Les deux premiers à être entrés tiennent leurs positions en appui sur l'arrière. Ceux qui ont ouvert les portes se tiennent près de celles-ci. Les autres membres des groupes s'affairent, au travers de gestes calés sur des ordres rassurants, à faire coucher les passagers virtuels et à les évacuer vers les issues. La scène n'a duré qu'une petite quinzaine de secondes depuis l'ouverture des portes arrière. Dans ce court laps de temps, l'avion est investi. Tous les éléments sont en place. Depuis le cockpit, spectateur privilégié, j'ai assisté à cette impressionnante prise de position par les membres des deux groupes. Chacun connaît parfaitement le rôle qu'il a à jouer, la progression à réaliser, sa destination précise, l'emplacement à tenir. Les gestes sont particulièrement justes, efficaces, sans déchets ni mouvements parasites. Les déplacements dégagent, malgré la masse due aux équipements, une gracieuse félinité. Une partition bien réalisée, jouée avec exactitude. De la belle ouvrage.

– Coupez ! Super les gars ! Elle est bonne, on la garde ! On se la refait une dernière fois ! Cette fois-ci, je la joue avec vous.

Derrière les visières des casques que les gars relèvent, mes mots ont déclenché leurs sourires. J'ai volontairement pris le ton du metteur en scène en charge de la réalisation. Mais, au-delà des termes amusants que j'ai employés, cela reflète néanmoins une vérité. Je sais qu'il n'y a qu'à l'entraînement que l'on peut s'autoriser plusieurs prises. Pour s'approcher le plus possible de la perfection. Tendre vers elle en permanence. Le jour d'une intervention réelle, la scène ne peut être jouée qu'une seule fois. Il n'est plus alors question de cinéma. Les enjeux sont lourds. Ici pas d'artifice. Pas de masque ni de maquillage. Les armes ne sont pas factices. Les adversaires ne sont pas des cascadeurs. Les otages ne sont pas des figurants. Et nous ne sommes pas des acteurs. Les cris, les pleurs, le sang, tout est bien réel. Au cœur de scénarii que nous n'avons pas lus à l'avance. Il faut improviser en permanence. Dans des scènes que l'on ne connaît pas en y entrant. Avec des partenaires qui sont des adversaires. Des éléments qui nous arrivent en plein visage. Des lieux que l'on découvre. Des situations à analyser au plus vite. Des personnages menacés. Des gestes à réaliser parfaitement. Des décisions à prendre seul et qui orienteront le sens du film. Des images que l'on ne pourra plus modifier. Il n'y a pas de musique pour créer l'ambiance. Ici, la tension est palpable. La peur transpire chez les otages. Le jusqu'au-boutisme du terroriste est réel. Nos choix pèseront sur l'issue du drame. Car nous ne jouons que dans des drames. Qu'il nous faut tenter d'orienter en permanence vers un happy end.

Cette répétition me satisfait pleinement. On pourrait s'arrêter là. Mais je veux prendre ma place dans cette scène. Celle qui sera la mienne si nous devons la jouer pour de bon. Collé au trinôme montant vers le cockpit.

Depuis le petit-déjeuner pris dans l'Airbus avec mes potes retrouvés, après que j'ai assisté sur l'île au lever du soleil venu rougir la végétation sèche et basse accrochée sur les pentes rocailleuses, nous en sommes à la quatrième répétition du plan d'urgence que nous avions mis au point la veille avec Philippe. Auparavant, les gars chargés de conduire les passerelles roulantes se sont entraînés à plusieurs reprises. La difficulté, pour eux, est de se placer à hauteur de la porte sans avoir le moindre marquage au sol, ni aucun repère visible sur la carlingue. Ça n'a l'air de rien, mais cela se joue pratiquement au centimètre. Il faut être précis et faire preuve d'adresse. Cette phase est importante car de là découle le départ de l'action, l'entrée dans l'avion qui doit surprendre par sa rapidité. Marcel et Jean-Jacques vont cramer quelques litres d'essence à peaufiner cette mise en place par des répétitions qu'ils débuteront à vide puis avec les escaliers chargés par nous tous.

Le premier exercice a été effectué par groupe. Juste après que Bouffy eut discrètement placé ses tireurs-observateurs, équipés des fusils de précision FRF2 et de leurs lunettes Zeiss, à une distance et sur des emplacements opérationnels d'où ils pourront à la fois rendre compte de ce qu'ils voient et effectuer des tirs de neutralisation sans pouvoir être détectés depuis l'intérieur de l'avion. Les tireurs ont été répartis en quatre binômes. Sur le côté gauche de l'avion, Christian associé à Boris et Jean-Phi uni à Lolo se sont enterrés tandis qu'à droite se sont positionnés Jo et Rub ainsi que Blindus et Didier. Ce travail par petites équipes de deux permet d'alterner les phases d'observation avec celles de récupération. Il n'y a que Bouffy pour occuper seul un emplacement.

À ce stade, chaque groupe travaille à son niveau, sans s'occuper de l'autre. Ainsi, Philippe réunit-il le sien pour discuter de la tactique au sein de celui-ci avant de débuter le travail pratique. De mon côté, je retrouve Marcel et nous fignolons les places que chacun occupera sur l'escalier. Nous devons épouser les marches de celui-ci pour être à la fois protégés sans se faire déceler. Je demande au docteur V. de nous rejoindre pour qu'il répète cette phase avec nous. Si intervention il doit y avoir, chaque groupe sera accompagné d'un toubib, celui-ci étant placé au plus bas de la plate-forme d'accès. Leur rôle ne sera pas d'entrer dans l'avion mais d'être immédiatement présents et au plus près pour traiter d'éventuels blessés qui seraient évacués sur le tarmac. Je sais que c'est en étant pointilleux, jusque dans les moindres détails, que les opérations sont bien réalisées. De ce fait, à chaque fois que Marcel nous déplacera à l'aide de son escalier roulant, j'exigerai que le médecin soit présent.

Ce premier entraînement en ce jour de Noël, nous l'effectuons pratiquement au ralenti en décomposant chacun de nos gestes, uniquement parés de notre armement. Individuellement, chaque homme possède deux armes de poing : un revolver Manhurin 73 en 5 pouces 1/4 tirant des munitions de calibre 357 magnum ainsi qu'un pistolet automatique Glock 17 ou SIG P228 calibré en 9 millimètres. Le revolver, précis par la longueur de son canon, est une arme à barillet à six cartouches que l'on peut recharger rapidement grâce aux speed loaders. Les pistolets, quant à eux, offrent une capacité de tir plus importante par les chargeurs dont ils sont dotés. Suivant leurs places dans le groupe, certains ont, en plus de l'armement individuel, des pistolets-mitrailleurs HK MP5 A5. Ces armes allemandes de la firme Heckler et Koch, équipées de torches, tirent des munitions de 9 millimètres. Elles bénéficient de visées laser permettant d'effectuer des tirs très précis grâce au point rouge qui se fixe sur la cible, indiquant l'endroit exact où ira se loger la balle. Les chargeurs de ces pistolets-mitrailleurs ont une grande capacité et cet armement possède un sélecteur qui offre la possibilité de tirer par courtes ou longues rafales ou bien au coup par coup. Nous sommes également porteurs de grenades flash destinées à aveugler l'adversaire, des lacrymogènes irritant les yeux et provoquant une gêne respiratoire ainsi que d'offensives sans éclats qui dispensent un impressionnant effet de souffle afin de choquer sans pour autant envoyer de projections.

Karl et Bull, placés au sommet des marches, se hissent sur la plate-forme et s'appliquent à déverrouiller la porte depuis l'extérieur pour la faire coulisser sur le coté. Régis entre dans l'avion. Nous effectuons tous nos déplacements en marchant afin que chacun prenne ses repères et identifie l'emplacement qu'il aura à tenir. Fred suit sans précipitation pour se mettre en place. Toujours en se déplaçant tranquillement, le trinôme formé de Karl, Bull, l'Écureuil, auquel je me soude, progresse dans l'allée vers l'avant de l'avion. Jarqui et Pascal suivent à peine décalés pour se diriger en douceur vers les portes qu'ils ouvrent par des gestes sûrs et précis. Marco, rejoint par Marcel, se place pour gérer la sortie des otages.

Nous remettons cela une seconde fois à vitesse normale, si je puis dire. Puis nous rejouons l'entrée avec le groupe de Philippe en nous calant dans le même timing. Cela fonctionne bien. Une machine rodée et bien huilée. La répétition suivante est réalisée avec tout l'équipement sur le dos ainsi que l'armement en mains et dans les étuis. Par-dessus leurs combinaisons ignifugées dotées de soufflets d'aisance, les gars enfilent leurs gilets pare-balles, taillés sur mesure, constitués d'une première couche anti-traumatique sur laquelle vingt-quatre couches de kevlar sont tissées, le tout surmonté d'une plaque de tôle et d'une plaque de céramique. Aux pieds, chacun est chaussé de rangers bénéficiant de fibres en kevlar à l'intérieur. Aux mains, des mi-gants laissent les phalanges libres. Et, une fois les cagoules enfilées, les têtes sont recouvertes des casques pare-balles équipés d'épaisses visières faites de plusieurs épaisseurs de plexi. La difficulté du choix d'un bon équipement est le compromis à trouver entre une protection efficace et la possibilité de déplacements rapides. Celui dont nous disposons aujourd'hui est sécurisant et nous permet une grande mobilité. Néanmoins, il augmente le poids de chacun d'entre nous d'environ vingt-cinq kilos. Une fois habillés et armés, les groupes se positionnent sur les passerelles roulantes.

C'est à ce moment-là que je me place en observateur contre le cockpit pour avoir une vue d'ensemble du dispositif en action. Je me joins à eux après cette impressionnante démonstration, pour rejouer une dernière fois l'intervention en cette matinée d'attente. Une attente plutôt active. Denis, s'étant fait remplacer par Oliver pour la permanence téléphonique, a assisté à cette dernière répétition, la générale comme on dit lors d'une représentation théâtrale. En spectateur averti, sa confiance est confortée, mais en avait-il besoin, par la force que représente l'unité qu'il dirige. À l'issue, il nous indique que la situation diplomatique, pour gérer au mieux cette affaire, en est au même point qu'à notre réveil.

– Le temps qui passe n'augure rien de bon. Je veux dire que j'ai l'impression que l'issue de cette prise d'otage ne peut être qu'une intervention armée.

– Pourvu qu'elle nous revienne, le coupe Marco, sinon cela pourrait tourner au carnage.

– Là dessus, reprend Denis, j'ai plutôt confiance en nos dirigeants. Ils feront tout pour que cette opération nous soit confiée.

Je crains davantage l'impatience des politiques algériens et leur volonté de prouver au reste du monde qu'ils ne sont pas hommes à transiger avec les terroristes. En attendant, essayez de récupérer. Je vais retourner aux nouvelles.

Sa fine silhouette s'éloigne après qu'il nous eut adressé un léger sourire, rassuré par la qualité de notre prestation et par la sérénité qui habitait, dans sa réalisation, chacun d'entre nous.

Marco avait poursuivi ses propos sur les troupes d'élite algériennes qu'il avait eu l'occasion de côtoyer lors de leur venue quelques jours au GIGN pour y effectuer un stage d'information dont la durée avait été trop courte pour que l'on puisse qualifier cet échange de formation.

– Physiquement ils avaient des qualités, c'est certain. Mais ils étaient moyens en tir, plus que moyens même.

– Et la notion de groupe. Ils y attachaient de l'importance ?

– Non, c'est quelque chose qu'ils n'avaient pas développé. On ne sentait pas de cohésion dans les exercices collectifs. Plutôt un rassemblement d'individus qu'une équipe soudée. On ne percevait pas d'esprit de groupe.

– Ils t'avaient expliqué pourquoi ils ont pris le nom de Ninjas ?

– Pourquoi ? Pour faire référence aux arts martiaux. Et plus précisément au nin-jitsu. C'est, en fait, l'art du déplacement furtif. Et ils y croient dur comme fer. Ils sont persuadés de posséder l'art du camouflage et de l'hypnose et ainsi d'être capable de réaliser des exploits. Tu vois le genre ?

– Ouais. Et dans les exercices proposés, les cas concrets, ils se comportaient comment ?

– On ne voyait qu'eux. Ils étaient loin d'être furtifs et ils n'endormaient personne. Ou plutôt si. Ils endormaient tout le monde. Définitivement. Les cibles, qu'elles soient amies ou ennemies, avaient souvent droit au même traitement. C'est une unité encore jeune pour laquelle une formation plus complète serait nécessaire.

– D'accord. Alors il vaudrait vraiment mieux, si l'on devait en arriver là, que nous intervenions ou que l'on soit à leurs côtés à Alger.

– Oui, c'est sûr. Nous bénéficions d'une expérience beaucoup plus importante dans ce domaine. Et les règles qui régissent chacune de nos mises en action seraient respectées. Tu vois, pour nous, sur toutes les opérations réalisées, il est essentiel de préserver toute vie. Les victimes c'est évident. Mais cela vaut aussi pour les preneurs d'otages. Nous ne sommes pas là pour juger. L'idéal c'est que tous soient saufs après nos interventions. La justice aura pour tâche de s'occuper des responsables. Sur ce point, on n'a pas le droit de se louper.

H moins 29 heures et 20 minutes

Les équipements, casques et matériels, ont été déposés par les gars dans l'avion. Tout le monde profite de l'extérieur pour se décontracter, penser à autre chose que ce qui nous réunit ici. L'air sec est relativement frais mais en s'installant au soleil, on sent celui-ci réchauffer les vêtements au point de s'y trouver bien.

C'est si agréable que certains d'entre nous se laissent engourdir par la chaleur des rayons et s'allongent en fermant les yeux comme pour se laisser embarquer dans une sieste ou une séance de bronzage. D'autres discutent, assis ou accroupis. Des éclats de rire fusent aux plaisanteries entendues. Je passe d'un petit groupe à l'autre. C'est bon de partager un peu de l'ambiance différente qui règne au sein de chacun d'eux. J'aperçois Karl et Bull lancés dans un défi d'équilibre et de pompes.

– Je voudrais bien me joindre à vous les gars mais je vais vous exploser.

– Viens, viens ! On va voir si ton titre de Champion du Monde est justifié. Tu sais, si tu l'as obtenu, c'est qu'on était absent ce jour là. N'oublie jamais ça ! me lance Bull alors que Karl est en plein effort.

– Non, je vous laisse entre petits joueurs. Ça me ferait de la peine de vous voir pleurer le restant de la journée...

– Dis-nous, plus sérieusement, le gros Michel était avec toi pour le championnat ? Et, est-ce qu'il y avait d'autres personnes du club ?

– Oui, Michel était présent et il s'y est bien comporté mais il n'était pas dans ma catégorie. Avec nous, il y avait également Daniel et je peux vous dire qu'on a apprécié son aide à sa juste valeur. Il a été à la hauteur de son légendaire dévouement. À Bratislava, c'est là-bas que ça se déroulait, il a occupé toutes les fonctions. Il a été à la fois notre chauffeur, notre intendant, notre interprète, notre soigneur, notre masseur et même notre chef du protocole. Nous, il ne nous restait qu'une chose à faire, être concentrés sur la compétition. Moi, à Dada, je peux lui dire merci...

Un peu plus loin, j'en trouve deux confortablement adossés contre leurs sacs et plongés dans la lecture d'épais bouquins.

– Je n'aurais jamais cru qu'au GIGN, il y avait des gens qui sachent lire. Vous vous êtes regroupés entre intellos ou vous vous donnez un genre en feuilletant des livres ! Qu'est-ce que vous lisez ?

– « Les aigles noirs » de Larry Collins me répond Jarqui qui a du mal à s'arracher à sa lecture.

– C'est bien ? Ça parle de quoi ?

– C'est un roman mais je pense que pour l'écrire, l'auteur a effectué une véritable enquête. On y voit l'implication de la CIA dans la mise en place de Noriega à la tête du Panama. Ses liens à la fois avec le gouvernement américain mais également avec le cartel de Medellin et le milieu de la drogue. Les personnages principaux sont deux agents, l'un de la CIA et l'autre de la brigade des stups US. Entre eux, une belle et sensuelle panaméenne qui lutte aussi contre Noriega. Enfin c'est super. Tout y est : amour, vengeance, ambition, trahison. Et Larry Collins y dévoile tout son talent.

Il ne m'en dira pas plus. Il s'est de nouveau immergé dans la suite de l'histoire. Je me tourne vers Pascal. Pour éviter de répondre à mes questions, il tend vers moi sans le refermer et sans cesser de le lire, le livre dans lequel il est plongé. J'en découvre le titre. « L'après-midi bleu ». L'auteur en est William Boyd. Un bandeau est dessiné sur sa couverture dans des tons bleutés. On y voit sur la gauche une grosse bâtisse de type colonial surplombant une baie où une ligne rose différencie le ciel de la mer.

D'une fenêtre ouverte, une jeune femme apprécie du regard cet instant magique du coucher du soleil. Une couverture réussie donnant envie d'en découvrir le contenu.

Au sol est posé un troisième livre dont je me saisis. Il est orné d'une large bande de papier rouge. Prix Goncourt 94.

– Il est à Largo, me dit Jarqui. Il est parti chercher une bouteille d'eau.

« Un aller simple » de Didier Van Cauwelaert.

Heureusement que je ne crois pas aux signes. Ou alors comme tout le monde. Lorsque ceux-ci m'arrangent et que je les interprète à ma sauce. Il ne faudrait pas que ce titre soit prémonitoire. Que personne parmi nous, ni parmi les otages et l'équipage retenu à Alger, n'en soit pour un aller simple. J'espère que tous reviendront de ce dramatique voyage. Que tous bénéficieront d'un retour.

– Ah, Philippe, ça va ?
– Oui, très bien ! Toi aussi ?

Il s'est installé face au soleil pour en profiter pleinement. Et s'est coiffé de sa casquette noire sur laquelle, juste au-dessus de la visière, brodées en lettres dorées, on peut lire les quatre lettres GIGN formant le sigle de l'unité.

– Tu sais à quoi me fait penser ta casquette ? Ou plutôt à qui ?
– Ben non, dis-moi !

– Au petit Stéphane Gaudin. Tu te souviens de lui ?

C'était il y a un peu plus de deux ans. Un documentaire avait été diffusé par Antenne 2 dans son émission *Envoyé spécial.* « Stéphane et Laurent » était le titre du reportage. L'histoire était celle de ces deux enfants hémophiles, injustement contaminés par le virus du SIDA à la suite de transfusions sanguines. Deux frères. Filmés par leur père, Patrice Gaudin. Un document bouleversant d'émotion. Quelques jours plus tard, les gendarmes de la section de recherche de Versailles téléphonaient au GIGN. Le but de l'appel était d'offrir à Stéphane, tout juste âgé de quatorze ans, une journée « pas comme les autres », c'est ainsi qu'ils l'avaient nommée. Une journée qui lui permettrait d'oublier sa terrible maladie. Une journée au cours de laquelle il vivrait des évènements extraordinaires. La proposition avait été immédiatement acceptée. Le groupe d'alerte se chargerait d'établir le programme pour ce visiteur hors du commun. Il se trouve que ce jour-là, c'est mon groupe qui était d'alerte, et tous ses membres avaient participé le matin à organiser une prestation de rêve pour recevoir notre invité. Au cours du déjeuner pris en compagnie de Denis, qui venait tout juste d'être affecté au groupe, et de son adjoint le capitaine Thierry O., j'avais fait connaissance avec Stéphane, venu accompagné par son frère Laurent et son père Patrice. Un lien géographique avec ce dernier nous avait rapprochés. Nous étions tous deux originaires de l'Isère, lui de Bourgoin et moi de Voiron. Durant toute l'après-midi, les démonstrations s'étaient succédées. Stéphane était aux anges. C'était très gratifiant de lire dans ses yeux d'enfant, éblouis par le spectacle, les émotions qu'il ressentait. Les tirs en stand et une variété d'armes avec lesquelles il avait visé et lâché quelques cartouches vers les cibles placées à différentes distances. Les maniements d'explosifs pour investir l'accès dans des pièces. L'escalade sur notre tour d'entraînement. Puis les descentes en rappel depuis son sommet, avec pénétration par les fenêtres. Et également la neutralisation d'un individu à l'aide d'un chien d'attaque. Les réponses à ses questions, surprenantes de maturité. Les longs et beaux échanges avec lui. Et le dernier exercice. Cerise sur le gâteau pour cet enfant si attachant. La démonstration qui impressionnera Stéphane au point qu'il en devienne l'événement dont il parlera le plus souvent dans ses discussions à venir. Au sous-sol de la caserne se trouve une salle de mise en situation. C'est ainsi qu'elle est baptisée. Une pièce aménagée, meublée et équipée de cibles mobiles montées sur des pièges à balles. Dans ce local, nous avons proposé à Stéphane de jouer le rôle d'otage retenu par plusieurs kidnappeurs. Avant d'aller s'asseoir derrière le bureau, il avait lui-même disposé les silhouettes symbolisant les terroristes ainsi que d'autres otages séquestrés dans la salle. J'étais resté avec lui pour veiller à ce qu'il ne bouge plus une fois installé. Les gars de mon groupe attendaient à l'extérieur et ne connaissaient donc pas la configuration de la pièce, ni l'emplacement des différentes cibles. En une toute petite poignée de secondes, la porte d'entrée avait sauté, quatre hommes équipés, casqués, armés avaient fait irruption. Des coups de feu, très concentrés, avaient claqué sèchement. Et dans le même temps, Stéphane, le petit otage, s'était retrouvé dans la protection offerte par les bras solides d'un des membres du groupe. Il lui avait fallu un peu plus de temps pour retrouver ses esprits. Tout avait été tellement vite. Après s'être ressaisi, il avait fait le tour de chacune des silhouettes afin de les contrôler :

les otages étaient saufs et tous les terroristes avaient été touchés par les tirs. Cette journée passée avec Stéphane demeure l'un de mes plus beaux souvenirs depuis que j'ai intégré le GIGN. Ses parents nous ont fait part de sa disparition le 2 juin 1993. Dans sa chambre, qu'ils ont conservée telle qu'elle était, figurent en bonne place la cible cartonnée sur laquelle il avait tiré ainsi que la casquette de l'unité brodée en lettres d'or et couverte de pin's du Groupe que nous lui avions offerte à l'issue de cette journée « pas comme les autres ». De la journée d'un enfant très courageux. De sa journée.

Philippe enlève sa casquette et la regarde. Nous restons quelques minutes sans rien dire. Puis nous décidons d'aller retrouver Denis pour glaner quelques infos que nous ferons circuler parmi le personnel qui patiente. L'attente fait aussi partie du métier. Et nous savons dominer ces périodes qui paraîtraient interminables à qui n'y serait pas préparé. La permanence a téléphoné. Depuis notre départ hier soir, d'autres gars ont rejoint la caserne et se tiennent prêts à nous retrouver dès que nous serons autorisés à nous déplacer pour intervenir. Un Transall les convoierait alors depuis Villacoublay.

À 13 heures, nous nous installons tous dans l'Airbus où l'équipage nous distribue des plateaux-repas. J'apprécie ce déjeuner partagé dans ces conditions si particulières. Ces moments-là laissent toujours de bons souvenirs. Je pense à mon épouse et à mon fils. Cela me donne parfois mauvaise conscience de ne pas les avoir à l'esprit en permanence. Mais je dois rester concentré sur ce pourquoi je suis ici. C'est ainsi. Néanmoins, je pense régulièrement à eux.

– Qu'est-ce que tu as pensé des répétitions ?

– Eh bien, écoute... Impeccables, elles étaient impeccables, me répond Philippe. T'es d'accord ?

– Ce n'est pas la peine d'en refaire cet après-midi. On va les laisser tranquilles pour qu'ils récupèrent.

– Bien sûr. De toute façon, ils savent parfaitement ce qu'ils ont à faire. Des entraînements, ils en ont accumulé un paquet.

Dimanche 25 décembre – 14 h 30 – Aéroport de Palma

H moins 26 heures et 40 minutes

L'après-midi, les heures semblent défiler plus lentement qu'à l'accoutumée sur le tarmac de l'aéroport de Palma. Avec Philippe et Bouffy, nous faisons le lien entre Denis et tous les gars pour ce qui est des informations reçues et donc à diffuser. J'ai observé le travail réalisé par l'équipe des tireurs sous la houlette de Bouffy. Et j'ai repensé aux propos de Marco évoquant les Ninjas, persuadés de dominer à merveille l'art du déplacement furtif, du camouflage et de l'hypnose. S'ils avaient été présents pour assister à la mise en place de nos tireurs, ils auraient été bluffés et auraient beaucoup appris. Les nôtres sont tels les chats dans la lente approche vers leurs proies et, une fois installés à l'emplacement désiré, ils sont indétectables à l'œil. Je me suis régalé à les voir faire.

C'est drôle. Je repense à la première opération à laquelle j'avais pris part, tout juste sorti de mon stage de formation au GIGN. Étonnant lien entre les événements. Il s'agissait d'une prise d'otage dans un avion. Le 7 juillet 1983 précisément. Un Boeing 747 affecté à la compagnie aérienne Iran Air. À son bord, cent quatre-vingt-dix passagers étaient retenus par six pirates de l'air ne se revendiquant d'aucun mouvement. Ils voulaient simplement fuir le régime établi dans leur pays. Pourquoi donc ce souvenir me revient-il en tête maintenant ? Pas seulement parce qu'il s'agit de deux affaires de terrorisme aérien mais surtout à cause de la répétition réalisée sous mes yeux par l'équipe de Bouffy. Lorsque l'alerte avait été donnée à 5 heures du matin, j'avais en effet, une fois rejoint la caserne, été désigné comme tireur d'élite et m'étais intégré à l'équipe à laquelle ce rôle avait été attribué. Nous avions, à l'époque, moins d'équipements sophistiqués qu'à l'heure actuelle et je mesure le chemin accompli depuis, dans la recherche du matériel le plus adapté possible aux situations rencontrées. Ce travail est réalisé par l'ensemble du personnel du Groupe afin d'améliorer tout ce qui pourrait l'amener au plus près de la perfection car, peut-on l'atteindre un jour ? En plus de mon armement individuel, je m'étais donc muni ce jour-là de mon FRF1 équipé d'une lunette Zeiss-Ikon sur laquelle étaient affichés mes réglages afin qu'elle soit parfaitement adaptée à ma vue. Puis nous avions sauté dans nos véhicules qui étaient alors nos premières CX break, pour rejoindre au gyro et au deux-tons déchirant la nuit, l'aéroport d'Orly. Je me souviens qu'avec mon ami Thierry, nous avions rampé dans l'herbe humide sur un demi-kilomètre afin de nous mettre en place à moins de cent cinquante mètres de l'appareil à l'intérieur duquel près de deux cents personnes vivaient un véritable cauchemar. Les groupes d'assaut se tenaient prêts à intervenir. À partir de 7 heures du matin, nous nous étions installés derrière nos fusils, l'œil fixé sur la lunette afin d'observer, d'analyser et de renseigner ce qui se passait dans l'avion et donner le maximum de précisions sur les preneurs d'otages. Nous étions restés ainsi, sans bouger, douze heures durant. Le temps de bien longues négociations. Peu après 19 heures, les six pirates de l'air avaient fini par se rendre aux membres du GIGN. Pour une affaire comme celle-ci, il s'agissait de la meilleure conclusion possible.

Cette expérience m'avait appris véritablement le sens de notre travail. Nous nous entraînons à longueur de temps pour intervenir tout en souhaitant ne jamais en arriver là. Malheureusement, il est des situations qui ne nous laissent pas d'autres choix. Mais, sur toutes les opérations dans lesquelles nous sommes engagés chaque année, et elles sont nombreuses, il est assez rare de parvenir à des issues dramatiques. Car nous nous efforçons de toujours privilégier le dialogue à l'action et ne dérogeons jamais à cette règle. Nous sommes guidés en permanence, même si l'intervention ne peut être évitée, par le souci ultime de préserver toute vie humaine.

Dimanche 25 décembre – 17 heures – Aéroport de Palma

H moins 24 heures et 10 minutes

Le soleil a décliné. L'air fraîchit légèrement. Suffisamment pour que les gars, petit à petit, regagnent la cabine protectrice de l'Airbus. Allons-nous passer une nouvelle nuit sur l'île de Majorque ? Dans la pièce servant de bureau, les appels téléphoniques et l'arrivée de fax se succèdent, se resserrent. Sonneries continues semblant indiquer que nous ne passerons peut-être pas une nuit supplémentaire à même le carrelage froid. La fin de l'après-midi approche. Denis, après plusieurs longues conversations dont nous ne captons que ce qu'il dit, nous apprend, qu'en toute hypothèse, il n'y a plus d'ouverture pour nous en Algérie.

– De ce fait, nous dit-il, nous allons redécoller d'initiative pour la France où nous serons plus utiles. Je n'ai pas vraiment de garanties mais il est important pour nous de rester leader sur cette opération. On va informer les autorités que nous quittons Palma pour nous diriger vers Marseille.

Après l'avoir fait et raccroché le combiné du téléphone, il poursuit comme s'il se faisait une réflexion à voix haute.

– C'est qu'il faut les décoder les responsables politiques ! En vingt-quatre heures, j'ai l'impression d'avoir appris une nouvelle langue. Celle du conditionnel, qu'ils emploient à merveille et de façon quasi permanente.

Et après une courte pause il reprend.

– Voilà ce qu'ils m'ont dit : il semblerait que les responsables algériens, en charge de cette affaire, soient en train d'étudier nos propositions qui consistent à faire redécoller l'appareil retenant les otages pour le diriger vers un aéroport français. Cela pourrait être celui de Marseille ou de Nice. Vous devriez alors, dans ce cas, rejoindre l'une ou l'autre de ces destinations avant l'arrivée de cet avion. Nous avons bien pris en compte le déplacement que vous allez effectuer et donc, dès à présent, vous pourriez prendre toutes les mesures nécessaires à ce mouvement. Nous vous préciserions en vol si vous devez atterrir à Marignane ou à Nice-Côte d'azur. Est-ce que ce discours est clair pour vous ? nous interroge-t-il pour conclure les propos qu'il avait reçus.

– Oui, on se dirige vers ce cas de figure. Il ne nous reste plus qu'à attendre leur feu vert.

– Et bien non. Cela équivaut à un ordre. Nous allons décoller. Chez nous ça aurait été plus simple : les responsables algériens sont en train d'étudier la possibilité de faire décoller l'Airbus pour la France. Préparez vous et dès que vous serez prêts, quittez Palma pour atterrir à Marseille ou à Nice. C'est parti !

– Ah, vous avez raison, il faut vraiment être habitué au langage diplomatique pour le décoder.

– Ceci dit, j'ai reçu d'autres appels un peu plus nets. Si la situation évolue, une nouvelle distribution des rôles va être effectuée à Paris. La crise, gérée jusqu'ici par le Quai d'Orsay pour se situer en pays étranger, va être prise en compte par le ministère de l'Intérieur si l'Airbus vient se positionner sur le territoire national.

– Cela va peut-être provoquer quelques tensions entre eux pour s'attribuer la bonne gestion de cette opération si elle est réglée au mieux. J'imagine qu'ils vont tous vouloir tirer la couverture à eux car il me semble que dans un même gouvernement, on ne retrouve pas du tout l'esprit qui règne chez nous.

– Une telle situation n'est vraiment pas simple pour des dirigeants d'autant que les élections présidentielles ne sont plus que dans quatre mois. Une affaire comme celle-ci n'est pas un cadeau, qui plus est, dans une telle période.

– Oui c'est vrai, vous avez raison, j'avais un peu perdu de vue cette échéance.

– Je repars en précurseur dans le Mystère 20 avec Roland, l'Écureuil et les trois négociateurs Dédé, La Drume et Nanard. Philippe et Oliver, je vous laisse gérer l'Airbus. À plus tard... sur le sol français.

Dimanche 25 décembre – 18 h 20 – Aéroport de Palma

H moins 22 heures et 50 minutes

L'Écureuil est parti prévenir l'équipage du GLAM. La tour est contactée par leurs soins. La piste s'éclaire de son joli mélange de lumières blanches, vertes et rouges.

Il est 18 h 40 lorsque les roues du Mystère quittent les longues bandes d'asphalte, noires comme la nuit qui d'un coup a recouvert de son voile la plus grande île des Baléares. Salut Majorque !

– Oh non ! Il me semble que l'issue de cette prise d'otage sera totalement différente.

Je leur exprime ce que je ressens après avoir évoqué devant eux le souvenir de ma première intervention sur avion.

– Là, ils ont déjà abattu deux personnes et semblent ne rien vouloir céder sur leurs exigences. J'ai l'impression que c'est un vrai dialogue de sourds qui s'est engagé. Et ce n'est pas le temps qui passe qui risque d'éclaircir la situation.

Je regarde l'heure qu'il est. Puis après un rapide calcul, je reprends :

– Ca fait déjà plus de trente et une heures qu'ils retiennent les passagers. Je ne crois plus qu'une discussion les conduise à une reddition.

– Il reste un petit espoir tout de même pour atteindre une résolution négociée, enchaîne Denis. Elle réside dans le fait qu'en atterrissant en France, ils vont avoir d'autres interlocuteurs et des propositions qui ne leur ont peut-être pas été présentées jusqu'à présent. Mais je reconnais que cet espoir me paraît bien mince. Infime. Il va falloir que l'équipe des négociateurs la joue serrée.

– Oui, la partie va être plus délicate et plus incertaine qu'un affrontement aux échecs. Mais j'ai confiance en Nanard et son petit pool pour s'immiscer dans la faille, s'ils en aperçoivent une, et pour prendre la main au cours des négociations qu'ils vont entamer avec eux.

Le copilote s'excuse de nous couper dans notre conversation.

– Nous allons nous poser à Marignane. D'ici environ une demi-heure, précise-t-il après un rapide coup d'œil sur sa montre.

Jusqu'à notre atterrissage sur l'aéroport desservant Marseille et sa région, chacun d'entre nous demeure dans ses pensées, personnelles ou liées à cette affaire de détournement d'avion.

Très sollicité depuis le départ de Satory, Denis paraît parfois soucieux. Une tension qu'il a gérée dans des discussions entamées avec des hauts responsables politiques en charge du dossier et qu'il a partagée avec les hommes qui l'entouraient. Dans ces cas-là, on aimerait bien pouvoir l'épauler encore davantage mais il n'est pas toujours facile de le faire. Il est dans son rôle de commandant du GIGN. Notre présence à ses cotés doit néanmoins le rassurer et cela aide souvent plus qu'on ne le pense. Entourer, même dans le silence est important.

III

Dimanche 25 décembre – 19 h 40 – Aéroport de Marignane

H moins 21 heures et 30 minutes

Il est pratiquement 19 h 45 lorsque nous reprenons contact avec le sol français. Le pilote nous fait savoir que l'Airbus GIGN, c'est ainsi qu'il le baptise pour éviter la confusion avec celui dans lequel sont retenus les otages à Alger, a décollé de Palma depuis une vingtaine de minutes. À notre descente d'avion, un petit comité de réception formé de responsables de l'aéroport et de représentants de l'État nous accueille. Après de rapides présentations d'usage, Denis, toujours dans sa fonction, est accaparé par ces autorités. Durant quelques secondes, très légèrement palpable dans l'ambiance qui se crée autour de cet échange, je perçois un soulagement chez chacune d'elles. Comme apaisées de voir arriver à cet instant précis les hommes de terrain et d'action que nous représentons à leurs yeux. Avec l'Écureuil et les trois négociateurs, nous les abandonnons en pleine conversation pour retrouver aussi le rôle qui est le nôtre. Nous avalons rapidement, deux par deux, les marches de l'escalier qui nous mènent vers la salle de contrôle de la tour dominant la vaste zone aéroportuaire de Marignane. L'atterrissage imprévu de l'appareil du GLAM avait sans doute surpris quelque peu les aiguilleurs qui, malgré tout, devaient parfois assister à l'arrivée non annoncée d'avions affectés à ce service, desquels ils voyaient descendre les plus hauts personnages de l'État. Cette surprise ne fut rien par rapport à l'effet que nous provoquons en pénétrant dans la large pièce vitrée au dernier étage de la tour où œuvrent quatre ou cinq techniciens absorbés par leurs écrans. Leurs yeux, en quittant les moniteurs, s'arrondissent comme des billes sur leurs visages hagards qu'ils tournent alors vers nous. La stupeur n'aurait pas été plus grande s'ils avaient assisté à l'entrée d'un troupeau d'éléphants dans un magasin de porcelaine, à cet instant précis. Il est vrai que l'irruption de cinq personnes vêtues de combinaisons d'intervention de couleur bleu très foncé, harnachées d'équipements, armes retenues dans leurs étuis mais apparentes, a de quoi surprendre qui ne s'y serait pas préparé. Qui plus est, lorsque les figures de celles-ci présentent des traits tirés et pas rasés de deux jours. Je romps le silence qui court depuis quelques secondes en tentant de fixer un sourire sur ma mine patibulaire du moment.

– Bonjour ! Ou plutôt bonsoir... à cette heure-ci, c'est plus adapté...

Ces mots gentiment prononcés semblent magiques sur le coup tant ils parviennent à les libérer du trouble qui les avait envahis.

Ils nous voient dotés de la parole et sont subitement rassurés. Néanmoins, ils tardent à répondre. Alors j'enchaîne peut-être un peu trop rapidement, eu égard à la surprise que nous avons provoquée et qui n'est pas encore complètement dissipée.

– Nous sommes du GIGN. Un Airbus d'Air France en provenance d'Alger va atterrir ici dans quelques temps. Dans cet avion, il y a cent soixante-treize passagers retenus par quatre terroristes armés.

Je me rends compte que j'y suis allé un peu fort. Nous avons besoin d'aller vite face à une telle situation et utilisons, à longueur de temps, un langage plutôt direct auquel nous sommes habitués. Mais cette façon de parler peut parfois provoquer quelques flottements pour des interlocuteurs plus coutumiers à enrober les mots pour dire les choses. Je tente d'adoucir mon propos sans pour autant réussir à m'approcher du langage diplomatique évoqué par Denis un peu plus tôt dans la journée. Finalement, tout s'éclaircit autour d'un café que nous invite à partager le responsable de la tour de contrôle. Il répond à chacune de nos demandes et nous fournit le plan détaillé de l'aéroport. Nous le remercions avant de nous isoler dans un coin de la pièce. Nous étalons le document à même le sol et en étudions ses tracés. Nous devons déterminer l'emplacement précis où l'avion, en provenance d'Alger, devra venir se stationner. Ce lieu doit être le plus intéressant pour nous, et répondre à un maximum de critères qui nous permettront d'intervenir dans les meilleures conditions possibles. L'Écureuil pointe son doigt sur le plan. Nous sommes d'accord sur l'endroit. L'aiguilleur en chef est informé de notre choix.

– C'est là que vous devrez faire stationner l'avion. On compte sur vous pour y parvenir. La suite, on en fera notre affaire.

Nous établissons l'état de nos besoins. La mise en place d'un poste de commandement opérationnel, un emplacement dans la tour de contrôle où seront les communications avec l'avion des otages, des bus et des hangars. Puis nous reprenons un café en compagnie d'un agent technique que le responsable de la tour nous présente et qu'il a chargé de répondre aux exigences matérielles que nous avons formulées en vue de préparer notre intervention. Nous lui demandons de mettre à notre disposition trois véhicules suffisamment grands pour contenir chacun une quinzaine de personnes avec leur matériel. Sur le plan, nous lui indiquons où ils doivent être positionnés. Je rajoute que nous voulons aussi, sur le même emplacement, trois passerelles roulantes.

– Deux suffisent, non ? me chuchote l'Écureuil le plus discrètement possible.

Je lui glisse à l'oreille, sur le même ton de la confidence, qu'il vaut mieux en avoir une en réserve, car il ne faudrait pas se trouver en rade au dernier moment. Je me retourne vers le technicien qui semble attendre quelques précisions.

– Veillez à ce que les pleins de ces véhicules soient faits et que les clés soient laissées sur le contact. Qu'ils soient ainsi prêts à démarrer. Et vérifiez que tous les éléments de mise en place et de manipulation des escaliers fonctionnent parfaitement.

Il se dirige vers un poste téléphonique mural, d'où, sans doute, il contacte son équipe d'agents de piste afin de leur transmettre nos souhaits. Peut-être même leur demande-t-il de le rejoindre pour expliquer et répartir les tâches que chacun d'eux aura à réaliser.

Pendant qu'il est occupé à appeler, nous nous enfilons un troisième café. Je fouille dans mes poches, où depuis hier au soir, je sais que patientent trois barres de céréales que j'ai réussi à sauver de notre gargantuesque repas de réveillon. On est deux, le calcul est vite fait. Ca ne tombe pas juste mais ce n'est pas grave. L'une d'elles est coupée en deux et rejoint les deux autres que l'on se partage dans une égale répartition. Une barre et demi chacun. Pas mal.

– Avec ton surnom, c'est plutôt toi qui aurais dû stocker un peu de bouffe ! dis-je à l'Écureuil. Tu vois, on est le 25 décembre au soir et on n'a toujours pas vu la moindre bûche de Noël !

Il est alors 21 h 20. Le technicien nous rejoint pour nous garantir que les différents véhicules, cars et passerelles roulantes, seront mis en place comme demandé, d'ici une vingtaine de minutes.

– Mon équipe s'occupe de ça correctement. Il n'y aura pas de problème.
– J'en suis certain. Mais vous resterez mon seul interlocuteur. Si j'ai besoin de quelques chose de particulier, je ne m'adresserai qu'à vous. Et ça vaudra aussi en cas de problème.

En lui répondant cela, je lui mets volontairement un peu de pression sur ses épaules. Je lui attribue ainsi un rôle de responsable qu'il devra dès lors assumer. Les responsabilités ne seront pas diluées parmi ses gars. Je sais donc qu'il veillera à ce que chacun d'eux ait fait correctement le travail demandé.

– Dès qu'ils vous signaleront que tout est prêt, j'irai avec vous sur les lieux pour voir tout ça. D'accord ?

– D'accord, mais j'ai entière confiance en eux, tente-t-il de me rassurer.

– Moi aussi, je réponds. Mais la confiance n'empêche pas le contrôle.

Et je rajoute pour ne pas le vexer :

– Vous auriez sans doute, vous-même, contrôlé. Et puis j'ai besoin de voir les lieux. Je ne peux pas m'en tenir qu'aux croquis sur les plans.

Dimanche 25 décembre – 21 h 50 – Aéroport de Marignane

H moins 19 heures et 20 minutes

Une demi-heure plus tard, nous dégringolons les escaliers à ses cotés pour nous rendre vers l'emplacement des véhicules. Avant de quitter le bâtiment, je retrouve Denis dans une pièce, où il est toujours entouré des autorités croisées à notre descente d'avion. Lorsqu'il m'aperçoit, il vient à ma rencontre et avant que j'aie pu lui expliquer ce que nous avions prévu et déjà fait mettre en place avec l'Écureuil, il me dit d'un ton grave :

– Ils ont abattu un troisième otage. Il y a dix minutes à peine. Un français. Ils ont balancé le corps sur le tarmac depuis la porte après l'avoir tué.

– Ah putain ! Les fumiers ...

Puis je retrouve un peu de vocabulaire après ces insultes qui me sont venues immédiatement à l'esprit.

– Aïe, aïe, aïe ! Ca ne sent pas très bon tout ça. On va droit vers une intervention. Ils semblent s'enfoncer un peu plus dans une impasse. Il va falloir que les responsables politiques se bougent pour arrêter ces exécutions. L'avion est toujours à Alger ?

– Oui, pour l'instant. Les terroristes paraissaient avoir accepté le fait de décoller pour la France. Mais là, du coup, avec cet otage abattu, on ne sait plus trop ce qu'ils cherchent à démontrer. J'ai contacté la permanence afin que le renfort demeuré à Satory nous rejoigne le plus rapidement possible.

Je finis par lui expliquer ce que nous avons fait et que nous allons sur les lieux où nous nous regrouperons tous tout à l'heure.

– Au fait, l'Airbus avec nos gars n'est toujours pas là ?

– Non, mais je pense qu'il ne va pas tarder. Je vais me renseigner et je vous tiens au courant.

Je le quitte en m'enfonçant dans la nuit. Je pense au cauchemar vécu par les passagers. Leur désarroi. Et aussi à la douleur et à la peine des familles des otages. Au terrible Noël que tous sont en train de vivre. La nouvelle d'une troisième personne assassinée m'attriste. Mais elle est loin de m'abattre. Au contraire. J'ai hâte maintenant d'intervenir pour faire stopper cette hémorragie. Je me sens prêt.

Avec l'Écureuil, nous ne laissons le soin à personne de vérifier l'état et le bon fonctionnement des véhicules. Nous nous attachons à effectuer nous mêmes ces opérations. Les passerelles roulantes sont opérationnelles. Elles ont été garées où nous avions demandé. Derrière un gros hangar dont nous pourrons disposer. À l'abri sous celui-ci, dorment d'imposants Canadairs. Nous nous trouvons dans une zone de l'aéroport où il n'y a, en temps normal, que très peu d'activités. Trois autocars ont été acheminés pour héberger nos groupes. En les voyant de plus près, je me demande s'ils ne sont pas allés les récupérer dans une casse. Aucun d'eux n'est encore équipé des vitres et des pare-brises. Ils ne sont certes pas prévus pour nous acheminer quelque part, mais simplement là pour que l'on puisse s'y installer et s'y reposer. Je pense, malgré tout, qu'ils auraient pu faire un effort en mettant à notre disposition des véhicules en meilleur état. Mon interlocuteur, à qui j'en fais la remarque, m'indique pour seule explication qu'il ne dispose pas d'autres cars de grande capacité et que son personnel s'est, du reste, donné beaucoup de mal pour trouver ceux-ci sur la zone aéroportuaire. Je n'insiste pas. Le plus important pour nous est que nous bénéficions de passerelles roulantes récentes qui sont mises en fonction chaque jour lors d'arrivées d'avions. Pour notre confort, nous patienterons.

Lundi 26 décembre – 0 heure – Aéroport de Marignane

H moins 17 heures et 10 minutes

À minuit, au moment de quitter la journée de Noël pour entamer celle du début de semaine qui nous mènera vers la nouvelle année, l'avion qui transporte le restant des gendarmes du GIGN atterrit sur la piste de Marignane pour venir se stationner près du hangar. On apprend alors, justifiant ainsi l'important retard qu'il a pris par rapport au Mystère, qu'il est allé survoler les côtes algériennes afin de tenter d'adresser un message, sur trois fréquences différentes à destination du commandant de bord de l'Airbus pris en otage. Pour l'aviser, sans savoir s'il les avait reçus, que tout était en place sur l'aéroport de Marseille pour traiter l'affaire au mieux.

Le matériel, débarqué rapidement, est réparti entre les deux groupes d'assaut qui prennent chacun possession d'un des ersatz de car. Dans le troisième bus, le poste de commandement opérationnel, PC OPS, est installé. Nanard, La Drume et Dédé ont retrouvé les autorités dans la tour de contrôle afin d'y entamer les négociations avec les terroristes lorsqu'ils auront, eux aussi, rejoint avec leurs otages l'endroit du parking déterminé par nos soins. Bouffy et son équipe de tireurs sont prêts pour aller se mettre en place derrière les lunettes de leurs FRF2 au cœur de cette nuit où la région, balayée par un petit mistral, affiche une température de zéro degré.

Lundi 26 décembre – 1 h 05 – Aéroport de Marignane

H moins 16 heures et 5 minutes

Une heure plus tard, le bruit sourd d'un appareil qui nous est familier nous parvient jusque dans les cars au fond desquels nous ne parvenons pas à nous endormir profondément. Un Transall est en approche. Il s'agit d'un avion à hélices, transporteur de troupes, depuis lequel régulièrement nous effectuons des sauts en parachute dans le cadre de nos entraînements. Il se positionne quelques mètres en retrait de l'Airbus qui a convoyé nos équipes. La large porte arrière centrale située sous la queue de l'appareil, poussée par ses vérins, baille et pose son extrémité sur la piste. De cette passerelle sortent des silhouettes qui se dirigent vers nous. A priori une petite trentaine de personnes parmi lesquelles il me semble reconnaître la démarche d'amis. En effet, huit opérationnels du GIGN nous rejoignent pour renforcer notre dispositif d'intervention. Ils n'avaient pas réussi à rallier la caserne avant notre décollage pour Palma mais ont tout de même pu regagner Marignane à temps. Nous sommes heureux de les accueillir au travers de longues poignées de mains et de grandes tapes sur les épaules. Avec eux, une quinzaine de membres de l'Escadron Parachutiste dont le rôle consistera, si intervention il y a, à récupérer sur le tarmac les otages évacués et à les diriger en sécurité vers l'aérogare après les avoir identifiés afin d'éviter l'éventuelle fuite d'un des terroristes. Accompagné de Philippe, je retrouve Denis dans le bus du PC OPS.

– On ne peut pas les intégrer aux groupes déjà constitués pour la simple et bonne raison que les passerelles roulantes ne pourront jamais supporter une telle charge, commente Philippe.

– Nous disposons d'un troisième camion échelle. Autant en profiter pour mettre en place une équipe supplémentaire qui investira l'avion par la porte avant, dis-je.

Denis approuve de la tête tout en dépliant le plan de l'avion.

– J'imagine que la porte avant droite est la plus appropriée, qu'en pensez-vous ? nous demande-t-il.

– C'est la plus proche du cockpit. C'est effectivement par celle-là que le troisième groupe devra entrer.

– Qui sera le chef de cette équipe ? interroge alors Denis.

Nous nous faisons face avec Philippe. Nous sentons nos regards en phase et nos voix unies libèrent le même prénom.

– Thierry.

C'est le plus ancien de ceux qui nous ont rejoints, le plus expérimenté, le plus gradé. Et qui plus est, il s'agit de notre meilleur tireur. Nous le retrouvons avec son équipe quelques secondes plus tard. Tous sont penchés sur le plan déployé à même le sol et sont attentifs aux explications que nous donnons sur le rôle de chacun des groupes lors de l'intervention programmée. Nous le laissons décider de la fonction et de la place qu'il compte attribuer à chacun de ses gars. Il est hors de question que l'on s'immisce dans son organisation interne.

Lundi 26 décembre – 1 h 45 – Aéroport de Marignane

H moins 15 heures et 25 minutes

Le téléphone de Denis résonne dans la nuit étoilée. Il s'écarte légèrement de notre petit groupe. La liaison ne semble pas être de très bonne qualité. D'accord, très bien, sont les mots qu'il prononce avant de raccrocher.

– L'Airbus des otages vient de décoller d'Alger. Il devrait se poser ici aux alentours de 3 heures. L'avion n'a pas suffisamment de kérosène pour pousser jusqu'à Paris.

– OK, on va prévenir tout le monde.

– Qu'ils continuent néanmoins de se reposer s'ils y parviennent. C'est d'abord à la tour et aux négociateurs de jouer pour que l'avion vienne s'immobiliser à l'endroit prévu.

L'information est passée à tout le personnel. L'équipe des tireurs d'élite dirigée par Bouffy s'active. Elle sera la première à se mettre en place. Dans quelques minutes, elle se portera dans la zone de stationnement de l'Airbus pour s'y installer en prenant soin de se rendre invisible aux yeux des pirates de l'air. Chacun d'entre eux va devoir trouver l'emplacement le plus judicieux afin d'avoir les meilleures vues et d'être le plus efficace possible. Certains vont carrément s'enterrer à même le sol gelé. Dans un minimum de confort et ce pour de longues heures. Leurs combinaisons kaki, le grimage des visages et les filets de camouflage seront autant d'aide pour qu'on ne les différencie pas du milieu ambiant dans lequel ils se posteront. Les cars et les passerelles sont regroupés derrière les grands hangars des Canadairs. Entre temps, l'Airbus GIGN est allé se stationner à proximité de la tour de contrôle à plus d'un kilomètre de notre position.

IV

Lundi 26 décembre – 3 h 12 – Aéroport de Marignane

H moins 13 heures et 58 minutes

Il est 3 h 12 précisément lorsque les roues de l'Airbus, vol AF 8969, qui aurait du se poser à Orly-sud depuis le 24 décembre à 13 h 25, entrent en contact avec la piste de l'aéroport de Marseille-Marignane. L'avion utilise toute la longueur de celle-ci pour aller effectuer son demi-tour au loin. L'atterrissage s'est bien passé. Malgré la fatigue subie par le pilote due aux pressions et au poids de ses responsabilités, il prouve là qu'il est un grand professionnel. L'appareil roule très lentement. Les minutes passent. Pesantes. L'avion qui se rapproche doucement présente l'apparence normale d'un vol ordinaire. Il n'y a que les regards que chacun des gars du GIGN portent sur lui qui sont différents. Car chargés d'une réelle émotion liée au terrible drame vécu par les passagers depuis deux jours. L'Airbus quitte la piste principale et s'engage sur le réseau lui permettant de rejoindre, après quelques virages effectués pratiquement au ralenti, la zone de parking. À 3 h 33, ses roues s'immobilisent sur l'emplacement choisi depuis la veille par l'élément précurseur du groupe. À peine à plus de cent mètres du hangar depuis lequel une quarantaine de regards fixent son fuselage blanc au cœur de cette nuit dégagée.

À ce moment précis, je me déroule le schéma opératoire exposé par Denis quelques instants plus tôt et qui entre, dès à présent, dans sa phase d'application. Premièrement, avait-il débuté, on négocie au plus loin. Chaque ultimatum doit, à travers de petites concessions, faire l'objet de demandes de libération d'otages. Cette voie sera privilégiée et durant ces échanges, il est important de ne pas rompre le fil des négociations avec les terroristes. Deuxièmement, on prépare une intervention classique. Avec le choix du moment qui nous paraît le plus adapté pour cette option. Le mode opératoire est établi et connu pour avoir été expliqué par Philippe et Roland, je ne reviens pas dessus. Et troisièmement, avait-il conclu, on est en mesure, à chaque instant, de mener un plan d'urgence si la situation devait dégénérer. Un tel schéma nécessite pour chacun d'entre nous de s'appuyer sur d'énormes facultés d'adaptation pour passer en quelques secondes dans des états diamétralement opposés. En effet, à chaque ultimatum, on doit être prêt à se mobiliser entièrement pour une éventuelle intervention, gérer la tension nerveuse qui s'ensuit et se concentrer sur les actions à effectuer. Et si l'opération n'est pas déclenchée, il nous faut alors savoir évacuer tout cela afin de se relâcher et de ne pas brûler l'énergie qui nous sera nécessaire lors de l'ultimatum suivant pour lequel, de nouveau, il faudra se préparer à s'engager. Notre préparation physique et psychologique ainsi que les entraînements et l'expérience accumulée nous permettent une bonne gestion de ces phases où la tension extrême, entrecoupée de plages de calme, passe d'un pic à un autre dans une brutale transition.

Depuis le haut de la tour de contrôle où ils sont aux côtés des autorités, La Drume et Dédé observent l'avion à travers de puissantes jumelles. Tout semble tranquille. Si tranquille qu'on pourrait penser à un appareil garé-là après avoir été vidé de ses passagers. Les négociateurs tentent d'apercevoir leurs copains qui font partie de l'équipe des tireurs d'élite qui est en train de se mettre en position tout autour de l'Airbus. Même en le sachant, ils ne parviennent pas à déceler leur présence. Preuve qu'ils effectuent une discrète et efficace mise en place. Quand à Nanard, il s'est installé devant le micro qui lui permettra de rentrer en contact avec le pilote et les terroristes. Trois minutes s'écoulent dans le plus lourd silence. À 3 h 36, la voix du commandant de bord se fait entendre dans les haut-parleurs. Les formules classiques lors d'une arrivée de vol sont échangées. Puis, près d'un quart d'heure s'écoule sans un mot sur les ondes. À 3 h 50, c'est la voix de Nanard qui reprend contact pour demander la libération des otages. Comme il s'y attendait, il se voit opposer un ferme refus. Quatre minutes plus tard, les terroristes interdisent au commandant de bord de communiquer avec l'extérieur.

Lundi 26 décembre – 4 heures – Aéroport de Marignane

H moins 13 heures et 10 minutes

L'équipe des tireurs est en place et entame la phase d'observation et d'identification des preneurs d'otages. Leurs premiers comptes-rendus ne vont pas tarder à remonter jusqu'au PC OPS. Dans les cars, le froid s'engouffre en courants d'air désagréables par les ouvertures sans vitres. Sur les sièges, tous se recroquevillent pour tenter, au moins, de conserver un peu de la chaleur de leurs corps. Les paupières sont fermées mais personne ne dort. Ce sera une nuit blanche pour tous. Je m'installe à l'avant du bus sur une petite banquette à deux places. En chien de fusil. Proche de la position fœtale. Celle sans doute de mon petit Romain au même moment. Je pense à lui et aux doux rêves dans lesquels il doit être plongé. À mille lieues de ce qui me tient éveillé ici, et c'est tant mieux. Je pense également à mon épouse et me demande, malgré le confort de son lit, si elle parvient à passer de bonnes nuits en ce moment. Je ne doute pas de la retrouver très bientôt, une fois ma mission accomplie, pour me coller à elle dans la chaleur de notre chambre. Régulièrement, je pense à eux durant quelques secondes, quelques minutes tout au plus. Mais sans cesse mon esprit me ramène à ce pourquoi je suis ici. Aux mots, aux phrases, aux consignes qu'il me faudra dire à mes équipiers avant l'intervention. Puis je passe en revue toute la préparation tactique. Et matérielle. Les équipements, le choix de l'armement et celui des munitions. Nous avons opté pour des cartouches semi-blindées, celles dont l'extrémité des balles est constituée d'une tête en plomb. Notre choix a été guidé par le fait que nous sommes là face à une prise d'otage massive et que nous ne pouvons pas faire prendre le moindre risque à ceux-ci. Cette munition, contrairement aux blindées, offre l'avantage de ne pas traverser le corps du terroriste visé. Par conséquent, elle ne peut pas poursuivre sa course pour aller blesser ou tuer un innocent passager qui aurait pu se trouver sur sa trajectoire. Nous ne pourrions pas supporter qu'une de nos cartouches puisse toucher un otage.

J'ai l'impression que la carrosserie métallique du car accentue le froid comme pourrait le faire un réfrigérateur. Je sors pour me dégourdir les jambes et faire quelques mouvements qui me réchaufferont durant une poignée de secondes. J'ai une pensée pour les tireurs qui, eux, ne peuvent pas bouger et subissent la faible température. J'observe quelques mouvements de véhicules et de personnes au pied de l'avion. La première liaison technique avec l'appareil pour effectuer la vidange des toilettes. Je jette un coup d'œil sur ma montre. Il est 4 h 47. J'imagine que la phase de négociation est en cours. Nanard, La Drume et Dédé doivent la mener très finement car, à aucun moment, ils ne doivent perdre de vue que ce détournement peut se solder par une intervention des groupes d'assaut. Auparavant, ils vont tout mettre en œuvre afin d'aller vers une résolution pacifique de ce drame. Il est 5 heures lorsque Nanard renouvelle une demande de libération des otages ce à quoi, il se heurte une seconde fois, à un refus des terroristes qui demandent au pilote de répondre en leur nom.

Comme moi, régulièrement dans la nuit, les gars descendent du car, discutent, font quelques pas, se détendent avant d'y remonter pour essayer de se reposer un peu. Je me dirige vers le PC OPS.

Deux tableaux blancs y ont été installés. Sur l'un d'eux sont notées toutes les prises de contact établies par nos négociateurs avec l'équipage et les terroristes. Je lis toutes les lignes qui correspondent chaque fois à un horaire très précis. La dernière indique qu'à 5 h 22, le chef du commando a pris la parole. Le second tableau regroupe tous les renseignements concernant les preneurs d'otages qui ont été fournis par Bouffy et ses tireurs. Leur description physique, leur âge approximatif, et je suis surpris de les découvrir aussi jeunes, aux alentours des vingt-cinq ans. Nos observateurs leur ont affecté un surnom pour les identifier entre eux. Je découvre les rôles répartis parmi les quatre pirates de l'air ainsi que les positions qu'ils occupent dans l'avion. Il est écrit, au feutre noir, que deux terroristes se tiennent en permanence dans le cockpit. Le chef du commando, bien évidemment, qui est ainsi en contact avec la tour de contrôle et à ses cotés, un homme qui semble armé en permanence d'un fusil de guerre. Les deux autres se tiennent à l'arrière de l'avion. L'un d'eux se promène parfois dans les rangs des passagers qu'il harangue avant de regagner sa position.

– On commence à recueillir pas mal de renseignements, me dit Denis. Comment vont les gars ? Ils réussissent à se reposer ?

– Oui. Tout va bien. Le moral est bon. Ils sont prêts. Tellement prêts qu'ils sont tous sortis des cars pour l'instant. Faut dire que ça caille.

– C'est vrai qu'on est entré dans la plage horaire la plus froide de la nuit. Peu avant que le jour se lève, les températures sont souvent basses et surtout chargées de plus d'humidité. Alors... Oui, Denis, j'écoute...

Répondant à un appel radio, il interrompt notre conversation. Je n'entends que les réponses qu'il adresse à son correspondant.

– À 5 h 53... D'accord... Le mécanicien ? Ah bon ?... Je vais appeler Bouffy pour savoir mais... Non je ne pense pas, il me l'aurait dit... OK, je vous recontacte.

Oliver se saisit d'un gros feutre noir et rajoute une ligne sur le tableau des prises de contact. Il note l'information que vient de lui donner Denis à l'issue de la communication qu'il vient de recevoir depuis la tour. 5 h 53 : demande de libération des otages (refus, réponse formulée par le mécanicien). Denis change le canal de sa radio et active la touche du haut parleur pour amplifier celui-ci.

– Bouffy, de Denis.
– Ici Bouffy, parlez Denis.
– Dans le cockpit, y a-t-il eu un problème avec le pilote ?
– Négatif. Je l'aperçois depuis ma position. R.A.S. pour lui. Pourquoi cette question ?
– Juste parce que c'est le mécano qui a répondu par radio aux demandes de la tour. Jusqu'alors, c'était le commandant de bord qui se chargeait de cela.
– De Bouffy, le chef du commando est en pleine discussion avec lui. Elle semble plutôt animée. Ça gesticule pas mal mais ça ne semble pas devoir dégénérer.
– De Denis, c'est bien reçu.

De nouveau il manipule le bouton d'affichage des canaux.

– Dédé, de Denis.

– Oui, Dédé écoute.

– R.A.S. pour le pilote. Il parle avec le chef des terroristes. Lui, par contre, a l'air un peu excité.

– De Dédé, je confirme l'info. Il vient de joindre la tour et a usé de propos menaçants qu'il mettrait à exécution envers les otages s'il ne devait pas être pris au sérieux par les autorités françaises. Je vous rappelle plus tard car on est toujours en liaison avec lui.

Denis regarde sa montre et dicte à Oliver qui se remet à écrire sur le tableau : 5 h 59, le chef du commando professe des menaces graves. Son téléphone retentit dans le car. Il s'écarte légèrement, plisse le front et, de l'index gauche, se bouche l'oreille libre comme pour concentrer toute son attention sur la communication qui ne paraît pas être d'excellente qualité.

– C'est le ministère de l'Intérieur, m'indique-t-il après avoir raccroché. Nous avons l'autorisation du gouvernement pour intervenir. On va réunir tout le personnel pour un briefing.

Lundi 26 décembre – 6 heures – Aéroport de Marignane

H moins 11 heures et 10 minutes

Je quitte le PC OPS en lui disant que je m'occupe de faire équiper les gars. Je regarde ma montre. Il est 6 h 03 précisément. Cinq minutes plus tard, j'indique par radio, à Denis, que les trois groupes d'assaut sont rassemblés dans le hangar où il nous rejoint pour s'entretenir devant tous, à l'aube de cette journée que l'on pressent décisive. En effet, le drame est là. Les acteurs sont en place. La tension est palpable. Le lieu est investi. La crise est pour nous. L'atmosphère ambiante, dans ce décor sinistre et sombre de la vaste structure métallique, semble hors du temps. On y perçoit, au fur et à mesure des paroles délivrées par Denis, un changement radical d'attitude parmi les gars. Comme si un palier venait d'être franchi, on les sent véritablement rentrés dans l'événement. Pour reprendre une expression imagée provenant du milieu sportif, ils sont dans le match. Chacun à sa place. Si le top action devait être déclenché maintenant, il suffirait de démarrer les moteurs des passerelles roulantes et tous seraient prêts à faire mouvement. Denis regagne le PC OPS. L'attente débute. J'en profite pour discuter avec mes équipiers.

– Il y a une chose importante dont je voulais vous entretenir. Dans le zinc, on ne va pas être accueillis à bras ouverts par les quatre terroristes. Ils sont puissamment armés. Il est vraisemblable que l'on subisse des pertes. Aussi est-il essentiel que vous vous persuadiez, au plus profond de vous, de ce que je vais vous dire maintenant. Si celui qui vous précède est touché et tombe, vous l'enjambez sans vous soucier de lui et vous continuez d'avancer. La mission ne sera remplie qu'à ce prix-là.

Un silence de quelques secondes pèse sur le groupe après le message lourd de sens que je viens de leur faire passer. Marco, mon adjoint y met un terme.

– Pas de problème, Roland. C'est intégré, me répond-il.

– C'est bon pour moi, me répondent plusieurs voix, unies comme celles d'une chorale.

Cette précision, importante au point que je tenais à leur en parler avant un éventuel assaut, déclenche quelques échanges au sein de mon groupe. Une conversation qui pourrait paraître un peu décalée avant une délicate intervention. Surprenante et à la fois rassurante.

– Il est certain que, si nous intervenons, nous serons très éloignés de l'univers virtuel des jeux vidéo.

– T'as raison. Lorsqu'on est touché, on traîne sa blessure tout du long. On ne récupère pas de points de vie ou de santé en enjambant un coéquipier, lui-même atteint, ou un adversaire abattu. Et on hérite encore moins de son armement et de ses munitions.

– C'est assez incroyable ce genre de jeux. C'est dangereux de faire croire de telles choses à des enfants.

– Mon fils en a un dans lequel il peut changer d'armes en cours de mission. Il peut passer du simple couteau au lance-roquette. Il a toute la gamme intermédiaire à sa disposition.

– C'est carrément grave de leur mettre ça en tête.

– Ça promet pour les futures générations appelées à assurer notre relève et qui constitueront le GIGN de demain.

– Rassure-toi, le stage de formation est là pour les remettre dans la réalité des choses. Au plus près de la vie.

– Tant mieux, du reste.

Il est 6 h 32 lorsqu'un ravitaillement est effectué à bord au cours d'une liaison technique. Les personnes chargées de celui-ci subissent les menaces des terroristes fatigués et particulièrement énervés. Une demi-heure plus tard, le ravitaillement est terminé. De précieux renseignements vont remonter jusqu'au PC OPS notamment sur l'armement détenu par les preneurs d'otages.

À 7 h 02, nous sommes toujours en attente lorsque les pirates de l'air réclament que le plein de kérosène soit réalisé pour l'Airbus. La tension monte d'un cran lorsqu'ils sentent les tergiversations de leurs interlocuteurs de la tour.

H moins 9 heures et 40 minutes

Le ciel commence à s'éclaircir et l'horizon se teinte des douces couleurs d'un feu naissant. Les tireurs vont apprécier comme il se doit les premiers rayons du soleil qui vont réchauffer leurs emplacements.

Peu après 7 h 30, Nanard laisse sa place au Préfet de police qui va, dès lors, correspondre avec les terroristes et l'équipage pour les négociations. Menées de front, elles continueront d'être traitées en sous-main par notre petite équipe. Régulièrement, celle-ci glissera à la haute autorité des petits papiers sur lesquels sont griffonnés des conseils et la conduite à tenir face aux revendications des preneurs d'otages. À 7 h 47, sur l'un d'eux, La Drume a écrit : « Temporisez pour la livraison de kéro ». Ce que fait le Préfet en acceptant de rentrer dans une longue discussion. Les pirates de l'air veulent du carburant pour pouvoir atteindre Paris mais ils sentent que leurs correspondants essaient de faire traîner les choses. Le commandant de bord annonce que la tension est en train de monter à bord. Aussi est-il proposé aux terroristes que le kérosène leur soit fourni contre la libération de tous les otages. La réponse ne se fait pas attendre.

– Nous allons tout faire sauter si nous n'allons pas sur Paris !

Cinq minutes plus tard, le chef du commando fixe un ultimatum dans un français approximatif mais en usant d'un ton empreint de fermeté.

– Dans trente minutes, avion prêt à décoller, pleins faits !

Il est 8 h 08 lorsqu'il met fin à l'échange sur ces mots.

Dédé rédige à son tour rapidement un papier. « Ne pas céder. Pas de livraison de kéro pour l'instant ». Afin qu'il soit transmis au Préfet, il le passe à Nanard qui éprouve quelques difficultés à le lire.

– Dis donc, t'es pas médecin que je sache. Applique-toi dans ton écriture! C'est pas une ordonnance que tu dois écrire ! lui dit-il en souriant.

Du coup, et profitant de la liaison radio interrompue avec l'avion, les négociateurs et les autorités entament une discussion afin d'établir la meilleure stratégie à appliquer face aux exigences des terroristes. À 8 h 30, les hauts-parleurs crachent de nouvelles menaces de la part des pirates de l'air. L'ultimatum parvient à être repoussé à 9 h 30.

Lundi 26 décembre – 9 heures – Aéroport de Marignane

H moins 8 heures et 10 minutes

Dans la boîte à gants du vieux bus, qui à défaut de nous offrir le réconfort d'un bon abri s'est contenté d'être le témoin de notre nuit blanche, je trouve, en l'ouvrant, un livre de poche qui semble avoir été oublié là depuis bien longtemps. « Trophées » en est le titre. L'auteur, José Maria de Heredia. Ce nom me dit quelque chose. Il ne m'est pas inconnu. Ai-je lu ses écrits ? Les premières pages le présentent à travers une courte biographie. Avec un tel patronyme, je l'aurais cru espagnol. Je découvre qu'il était français. Un poète ayant appartenu au groupe de Parnasse et devenu immortel en étant élu à l'Académie française. Je fais défiler rapidement les pages du livre pour m'arrêter au hasard. Celle sur laquelle je tombe a été cornée en haut à droite. Le papier est très légèrement jauni, preuve du séjour prolongé de cet ouvrage dans la boîte à gants. Le titre du poème m'apparaît imprimé en lettres capitales. « Les Conquérants ». J'entame sa lecture.

Comme un vol de gerfauts hors du charnier natal,
Fatigués de porter leurs misères hautaines,
De Palos de Moguer,...

Je ferme les yeux et la suite me revient. Du fond de ma mémoire, les mots de ce sonnet remontent à la surface de souvenirs que je croyais définitivement enfouis.

De Palos de Moguer, routiers et capitaines
Partaient, ivres d'un rêve héroïque et brutal.

Je poursuis la lecture des trois autres strophes pour lesquelles il m'aurait fallu faire d'énormes efforts pour tenter de les retrouver. Cela remonte à loin, au cœur de mon enfance. J'ai appris ce poème il y a bien longtemps. En classe de sixième, il me semble. À moins que ce ne fût l'année suivante. Là, j'ai un doute. Toujours est-il que je l'ai étudié. C'était avec madame de Lagarde, notre professeur de français. Tous les garçons de la classe, en fait tous les élèves puisque le lycée n'était pas mixte, étaient amoureux d'elle. Elle était bien plus jeune que nos mères. Ses longues jambes disparaissaient sous les jupes de ses tailleurs où se perdait également notre imagination de gosses qui, à l'âge que nous avions, savaient bien peu de ces choses-là. C'était donc bien en sixième, en 6ème 4. Cela ne me paraît même pas étonnant que je tombe sur ce poème à cet instant précis tant je trouve qu'il colle parfaitement à l'événement présent.

« Les Conquérants », un titre qui nous correspond bien. Car sans doute en sommes-nous, à notre façon. Palos de Moguer est le port situé au sud de l'Espagne où s'embarqua Christophe Colomb en 1492. Palma de Majorque, ville insulaire espagnole aux mêmes initiales, est l'aéroport d'où nous avons décollé hier. Les routiers, accompagnant les capitaines, étaient à l'époque des soldats-aventuriers. Qui sommes-nous d'autre aujourd'hui ? Le premier quatrain se termine par « un rêve héroïque et brutal ». Pour nous, une action plus qu'un rêve que nous allons sans doute réaliser dans quelques minutes ou quelques heures tout au plus. Héroïque et brutale. Dans les deux tercets qui finissent, il est question de « lendemains épiques » comme l'épopée mémorable que laissera en nous le caractère mouvementé de ce qui nous attend, « d'un mirage doré », cette illusion de gloire qui peut survenir après un difficile succès, « des blanches caravelles » tels les appareils dans lesquels nous avons embarqué et qui nous ont conduits au cœur de ce drame où, sous la menace « d'un ciel ignoré », nous espérons faire naître « des étoiles nouvelles ».

Ce poème est lié à notre histoire présente. Et je n'en reviens pas d'avoir retrouvé ce sonnet ici et à ce moment précis. D'abord parce que j'ai appris les quatorze vers qui le composent lorsque j'étais enfant et en ai retenu quelques courts passages. Puis surtout parce qu'il me semble particulièrement bien adapté à la situation. Je me sens capitaine à la tête de routiers et nous formons, tous unis, de valeureux Conquérants.

– Est-ce que ce bouquin est à l'un de vous ?

Il n'appartient à aucun d'entre nous. Je suis tenté de le garder Finalement, je replace le livre où je l'avais trouvé. Et me promets d'en acheter un exemplaire dès mon retour à Versailles pour ainsi pouvoir régulièrement me replonger dans ses magnifiques poèmes.

Avec Philippe, nous nous relayons pour aller régulièrement au PC OPS glaner les dernières informations que nous répercutons aux membres des trois groupes, toujours sous pression et prêts à monter à l'assaut. Lors d'une de nos liaisons, nous avons la surprise d'y trouver Jean-François, l'un des officiers du GIGN. Après les classiques échanges de civilités, il nous explique comment il vient, à l'instant, de nous rejoindre afin de renforcer l'effectif.

– J'étais en vacances en Haute Savoie quand j'ai appris par la radio la prise d'otages de l'Airbus d'Air France à Alger. Je suis alors entré en contact avec la permanence du Groupe qui m'a informé que vous étiez en attente à Palma. Et que les autorités s'activaient pour tenter de faire redécoller l'avion vers la France. Du coup, hier après-midi, j'ai demandé à Frédéric, l'officier qui est en stage de formation, de me faire parvenir mon sac d'intervention jusqu'à Lyon, étant donné qu'il y descendait en vacances. J'ai pris la route ce matin après avoir récupéré mon matériel et me voilà.

Il est tout sourire de nous avoir retrouvé et de pouvoir ainsi apporter sa contribution.

– J'aurais été assez mal à l'aise de ne pas tout mettre en œuvre pour vous rejoindre, rajoute-t-il.

Je lui dis qu'il intègrera mon groupe, si nous devons intervenir, et lui explique le rôle de chacun ainsi que la place qu'il y occupera.

H moins 7 heures et 24 minutes

À 9 h 46, le commandant de bord annonce qu'il est parvenu à repousser l'ultimatum.

Je me dirige vers le car PC OPS où je prends connaissance des dernières informations inscrites sur les tableaux. Je discute avec Denis qui, pour sa part, fait régulièrement la liaison avec le second PC installé, quant à lui, dans la tour de contrôle et regroupant les autorités politiques ainsi que les négociateurs. La sonnerie de son téléphone retentit encore. Décidément, à chaque fois que je suis en conversation avec lui, nous sommes interrompus soit par la radio soit par son mobile. Depuis trois jours, le nombre d'appels qu'il a reçus ou passés est assez impressionnant. Lui l'est tout autant dans la façon qu'il a de gérer cette situation de crise. Car il a le poids de sacrées responsabilités sur les épaules. Et les épaules, il les a pour assurer ainsi. Je l'écoute répondre au téléphone sans entendre les retours de son interlocuteur que je sens très haut placé, dès les premiers mots échangés.

– Bonjour Monsieur.

– ...

– Pour l'instant, la situation n'est pas favorable.

– ...

– Les négociations ne sont pas rompues.

– ...

– Sauf péril imminent, il n'est pas envisageable maintenant d'engager un assaut.

– ...

– Non, Monsieur, ce serait, à mon sens, une erreur d'engager une opération en force sur les bases actuelles. Je prends en compte la situation et tirerai avantage de la moindre opportunité.

– ...

– Avec tout le respect que je vous dois, sachez que le GIGN interviendra quand il l'aura décidé.

Le ton de Denis est ferme et je comprends que son correspondant ne lui répond rien durant quelques longues secondes.

– ...
– Très bien, conclut Denis, au revoir Monsieur.

Il range son téléphone dans sa poche de poitrine.

– Vous aviez qui en ligne ? je lui demande.
– Un technocrate de très haut niveau...
– Dites donc, vous lui avez répondu assez sèchement à un moment de la conversation.
– Oui, parce qu'il m'a demandé ce que j'attendais pour intervenir, que cela faisait sept heures que l'avion s'était posé à Marignane et que l'affaire aurait du depuis être réglée. Il a même demandé s'il nous fallait le Code de procédure pénale pour monter à l'assaut.
– Alors, je comprends votre fermeté. C'était nous faire injure que de dire ça. Vous avez eu raison. Donner le feu vert n'équivaut pas à un ordre. On ne va pas, sous prétexte que l'on a l'autorisation des politiques, se jeter comme ça dans la gueule du loup. C'est le terrain et les événements qui commandent.
– J'imagine que c'est ainsi qu'il a perçu ma réponse, enchaîne Denis, car après un blanc, il m'a dit qu'après tout, c'est vous qui êtes sur place, vous êtes un technicien spécialiste des interventions et le mieux placé pour juger du moment opportun du déclenchement de l'opération.
– Bon, mais c'est très bien. Je vais retourner voir nos gars, les faire se déséquiper et dans un petit moment, on refera une répé-

tition sur notre avion avec les trois groupes au complet. À plus tard.

Après s'être délesté des équipements et de l'armement, la plupart d'entre nous s'asseyent à même le sol face au pâle soleil d'hiver. Quelques bouteilles d'eau circulent de mains en mains. Chacun essaie de se décontracter.

– Tu sais que c'est vraiment un bon, le patron, dis-je à Philippe que j'ai retrouvé et à qui je m'empresse de narrer l'appel téléphonique du ministère de l'Intérieur. Ce qui est bien, c'est qu'il n'a pas parlé en son nom propre mais au nom du Groupe.

Quelques minutes plus tard, Denis, accompagné de Jean-François et d'Oliver, nous rejoint et nous informe que le commandant de bord a évoqué, lors d'une liaison radio avec la tour, la détention par les terroristes d'un véritable arsenal. Et que suite à une nouvelle montée de tension, palpable et importante à bord, le chef du commando venait de fixer un autre ultimatum à midi pile. Nous décidons tous les cinq que, si la situation demeure en l'état d'ici-là, l'intervention se fera à compter de 17 h 30, à partir du moment où la nuit commence à s'installer. En revanche, l'opération serait déclenchée en urgence si une action des terroristes mettait en péril la vie des otages.

Nous en informons tout le restant du personnel lorsque nous le rassemblons pour effectuer une répétition générale sur l'avion qui a amené la plupart d'entre eux. Nous disposons pour cela d'un temps suffisant jusqu'à la fin de l'ultimatum fixé par les pirates de l'air.

Lundi 26 décembre – 11 heures – Aéroport de Marignane

H moins 6 heures et 10 minutes

Les trois groupes s'installent sur leurs passerelles roulantes respectives qui se déplacent ensemble jusqu'à aborder l'avion vide. Les portes sont ouvertes simultanément et les positions sont prises rapidement, tous les déplacements s'effectuent sur un rythme soutenu. Non loin de la tour de contrôle, à plus d'un kilomètre de l'Airbus dans lequel sont détenus les otages et à l'abri des vues, l'exercice se déroule comme si l'intervention était réelle. En la réalisant dans ces conditions, on perçoit l'envie qui anime chacun des acteurs du GIGN. Le timing est parfait entre les trois éléments et ne nécessite pas de perdre du temps à régler des détails qui auraient pu être améliorés. Le groupe de l'avant a bien manœuvré. Je n'en suis pas surpris étant donné tous les entraînements sur avions auxquels nous participons chaque mois et ce, depuis de nombreuses années. La confiance est là et nous avons tous hâte de passer à l'action pour libérer les passagers retenus. Si nous en avions le pouvoir, sans doute nous projetterions-nous dès à présent à la nuit tombante, en toute fin d'après-midi. Avec Philippe, nous évoquons la difficulté de la tâche à laquelle nous devrons faire face si nous sommes appelés à déclencher le plan d'urgence.

– Dans l'histoire de la piraterie aérienne, aucune intervention ne s'est soldée sans casse, tant chez les otages que du côté des forces de l'ordre.

– Quand tu dis sans casse, tu veux dire sans qu'il ait des morts.

– Oui. Il y en a toujours eu et, la plupart du temps, le nombre en était élevé.

– Nous voilà donc face à quelque chose qui n'a jamais été réalisé lors d'une prise d'otage massive. Face à ce qui apparaît comme une mission impossible.

– Ca ne va pas être facile pour la réussir, mais...

– Mais quoi ?

– Mais j'y crois. Comme tous les gars du Groupe, du reste. Même si je sais que ça va être chaud.

Pendant que nous répétions, nos trois négociateurs et les autorités, regroupés dans la tour de contrôle, ont du faire face à une demande de la part des terroristes qu'ils n'avaient jusqu'alors jamais évoquée. Ceux-ci ont annoncé avoir des déclarations à faire et qu'ils désirent obtenir, pour cela, l'organisation d'une conférence de presse. Les modalités restent à définir. Les négociateurs tentent de gagner du temps en expliquant qu'ils vont devoir convoquer des journalistes pouvant couvrir cet événement de façon à ce qu'il ait une portée internationale et que cela va nécessiter quelques délais. Ils essaient de proposer, en échange, que les otages soient libérés mais se voient formuler un refus catégorique.

Lundi 26 décembre – 12 h 15 – Aéroport de Marignane

H moins 4 heures et 55 minutes

Une camionnette d'Air France vient nous livrer des plateaux-repas ainsi que des boissons chaudes. Nous les avalons comme des morts de faim. Il faut dire que depuis notre départ de Satory, nous n'avons que très légèrement mangé. Ce périple de trois jours ne ressemble pas à un voyage gastronomique. Nous sommes le 26 décembre et ma gourmandise me titille au point de me faire réaliser que nous n'avons toujours pas goûté à la moindre bûche. J'ai une pensée, en buvant un café, pour les tireurs qui depuis près de dix heures sont dans le vent, le froid sans pouvoir bouger sous peine d'être détectés et qui ne pourront pas bénéficier de l'encas que vient de nous distribuer le personnel de l'aéroport.

– T'as repris l'entraînement en vue de tes compétitions ? me demande Bull près de qui je me suis assis pour manger.

– En ce moment, je fais un travail foncier, comme chaque hiver. Jusque-là, ça ne m'a pas trop mal réussi.

– Tu sais que j'ai poussé cent cinquante-cinq kilos la semaine dernière, m'annonce-t-il plutôt fier de sa performance.

– C'est génial ! À ce propos, j'ai eu des nouvelles d'Alain. Il a fait une sacrée perf récemment.

– Alain ?

– Oui, Alain Gentillon. Mon super pote. Tu sais le pompier professionnel avec qui...

– Oui, je vois. Qu'est-ce qu'il devient ?

– Qu'est-ce qu'il devient ? Il vient de décrocher le titre de champion du monde de développé-couché dans sa catégorie, en Afrique du Sud. Cent soixante-quinze kilos. Ca te dit rien ?

– Là, bravo. Je m'incline. Tu le féliciteras de ma part.

– Tu vois, dans le Dauphiné, on n'est pas des petites frappes. Si tu veux être au niveau, continue de t'entraîner dur. Mais tu vas avoir du mal, je conclus en souriant.

H moins 3 heures et 40 minutes

À 13 h 30, les pirates de l'air réclament un ravitaillement en nourriture et réitèrent leur demande d'approvisionnement en kérosène. Par la même occasion, ils fixent un nouvel ultimatum pour 14 h 45. La livraison de leurs repas se termine précisément à cette heure-là. Quant au carburant, il ne leur a toujours pas été fourni. Les terroristes se rendent compte qu'ils se font balader quelque peu pour la tenue éventuelle d'une conférence de presse. Sous leur pression, le commandant de bord rappelle sur les ondes que l'ultimatum est dépassé de sept minutes et que la tension est de plus en plus vive à l'intérieur de l'avion.

Extérieurement, rien ne transparaît du drame vécu par les cent soixante-treize passagers retenus dans l'appareil à un peu plus de cent mètres d'où nous nous tenons. Je fixe des yeux la porte arrière gauche, celle par laquelle je vais rentrer avec mon groupe. Avec les hommes qui le constituent, j'ai partagé ce repas frugal. Je me sens bien, entouré par ceux que je connais le mieux au GIGN.

– Au moins ce coup-ci, ça ne sera pas comme à Bordeaux. On ne risque pas de se gourer de porte.

J'ai prononcé cette phrase à haute voix sachant qu'une réaction ne va pas tarder de la part de l'un d'entre eux.

– C'est quoi cette histoire ? Vas-y, raconte, me demande Jarqui.

– C'était il y a un peu plus de dix ans. Avril 1984. Nous sommes appelés sur Bordeaux pour arrêter un dangereux proxénète impliqué dans plusieurs affaires criminelles. Arrivés tard le soir dans la capitale girondine, on est accueilli par les gendarmes de la B.R.[4] Mon chef de groupe de l'époque, Nono, ainsi que Carmik, un de nos officiers, nous présentent le topo, épaulés pour ce faire par le chef de la B.R. L'homme que nous devons appréhender loge dans un immeuble au cœur d'un quartier particulièrement malfamé dans la périphérie de la ville. Un seul gendarme connaît parfaitement les lieux et se chargera de nous y conduire le lendemain matin. Quant à l'individu, armé en permanence, il répond au prénom de Roberto. Âgé de quarante-cinq ans, il est de petite taille et de constitution trapue. L'heure prévue pour l'appréhender, déterminée dans le respect de la légalité, est fixée à 6 heures pétantes. Nous regagnons donc notre hébergement pour une courte nuit. À 5 heures, nous nous rendons sur les lieux traversant un Bordeaux encore endormi. Une fois sur place, le gendarme de la B.R. nous indique l'immeuble et l'appartement situé au sixième étage. Il n'y a pas de balcon et, à moins qu'il ne soit kamikaze, peu de chance qu'il nous échappe en sautant depuis l'une des fenêtres de son deux-pièces. Une équipe se place au bas du bâtiment pendant que, chaussés de tennis noires dans le souci de se déplacer le plus silencieusement possible, nous montons à quatre jusqu'à son palier, accompagnés du gendarme départemental. Je suis chargé d'ouvrir la porte. Pour ça, je détiens un passe d'une rare efficacité et que j'aime particulièrement utiliser, une masse. Si on la manie de façon précise et que l'on tape bien entre la poignée et le verrou, la porte cède et s'ouvre en un dixième de seconde.

4. Brigade de Recherche.

J'arme ma clé et porte mon regard sur Nono qui tient son bras gauche tendu au-dessus de sa tête, tournée vers Carmik qui fixe sa montre. À 6 heures précises, il dresse son pouce. Nono abaisse son bras. La masse s'abat sur la porte qui s'ouvre sur le passage de l'équipe d'assaut qui se précipite dans la chambre et se saisit de l'individu plongé dans ses rêves. Sorti du lit précipitamment, l'homme que nous enserrons s'avère mesurer plus d'un mètre quatre-vingt et n'être âgé que d'une vingtaine d'années. C'est sûr, ce n'est pas notre Roberto. On se regarde quelque peu surpris. Au moment où nos têtes se tournent vers le gendarme de la B.R., on l'entend nous dire tout penaud « Je me suis trompé d'étage. En fait, il habite au cinquième, juste au-dessous ». Avec le ramdam qu'on a fait, on se dit qu'il n'y a pas une seconde à perdre. On dévale l'étage quatre à quatre. Pas question d'attendre un signal quelconque. Pour moi, c'est rebelote. J'explose la porte d'un coup de masse. L'équipe d'assaut pénètre l'appartement en connaissant parfaitement sa configuration. Il faut bien tirer profit de notre visite à l'étage supérieur. On ouvre la chambre et on se saisit du fameux Roberto encore dans son lit, avant qu'il ait pu s'emparer de son arme. Il dormait si profondément que le barouf qu'on avait fait au-dessus n'était pas parvenu à le tirer de son sommeil. Et voilà l'histoire. Depuis ce jour-là, nous avons toujours pris soin de vérifier les renseignements que l'on nous fournissait. Maintenant, c'est en permanence l'un de nous qui amène le groupe d'assaut sur place.

Les rires et les sourires se mêlent sur les visages des gars de mon groupe. C'est aussi pour cela que je leur ai raconté cette anecdote. Pour apporter un peu de légèreté, de détachement et de décompression au cœur de cette froide journée d'hiver.

– Il est certain qu'aujourd'hui, nous entrerons par la bonne porte.

Lundi 26 décembre – 15 h 30 – Aéroport de Marignane

H moins 1 heure et 40 minutes

Je les laisse quelques minutes, le temps d'aller au PC OPS. En passant près du groupe de Philippe, je lui fais signe pour qu'il m'accompagne. Dans le car, Denis, qui revient de la tour de contrôle, nous fait part d'une brusque montée de tension dans l'avion. Les terroristes ont menacé très sérieusement les membres d'équipage et ont fixé, en des termes très virulents, un ultimatum pour 17 heures. Il a été évoqué une nouvelle exécution d'otage si celui-ci n'était pas respecté.

– Les négociations n'aboutiront pas, dit-il. J'en suis persuadé. L'intervention est incontournable.
– C'est bon. Nous sommes prêts. Nous sommes tous prêts.

Les négociateurs, en arguant l'organisation possible d'une conférence de presse, redonnent un souffle d'optimisme en arrachant aux pirates de l'air la libération de deux passagers. Les premiers otages relâchés sur le territoire français.
– Finalement, j'ai peut-être parlé un peu tôt. Néanmoins, l'espoir d'une solution négociée me paraît bien infime.

Il est 16 h 05 lorsqu'une passerelle roulante vient se coller à hauteur de la porte arrière gauche qui s'ouvre sur la sortie de deux passagers visiblement âgés et très fatigués. Christian, un des tireurs placés sur le côté gauche de l'avion est témoin de la scène. Dans sa lunette de visée, il a, pendant quelques secondes, la silhouette d'un des terroristes qui se découpe nettement sur l'ouverture. Par radio, il en fait une description détaillée et précise que celui-ci est armé d'une Kalachnikov AK 47.

L'un des deux otages libérés porte autour du cou un petit panneau de carton sur lequel un des pirates de l'air demande que la passerelle soit dégagée dès que les passagers fouleront le sol. Une fois que l'opération est réalisée, les réacteurs de l'Airbus sont mis en marche et font entendre une bruyante montée en puissance. Suivant l'exigence des négociateurs du GIGN, l'ordre est donné d'établir des barrages en disposant des véhicules en travers des pistes afin d'interdire tout décollage de l'avion. Nous sommes étonnés par la mise en route de l'avion car nous ne bénéficions d'aucun élément qui pourrait nous permettre d'interpréter cette surprenante initiative de la part des terroristes.

Au pied de la passerelle, les deux otages libérés ont été récupérés et conduits au PC OPS par deux gars du Groupe. Denis va ainsi pouvoir leur poser des questions précises dont les réponses nous amèneront de précieux renseignements concernant les terroristes, leur armement, leur placement et l'organisation à bord de l'appareil. Rien ne doit être négligé. Le moindre petit détail peut s'avérer d'une importance capitale lors d'une telle opération où il reste encore cent soixante-onze passagers retenus dans l'Airbus.

H moins 54 minutes

À 16 h 16 précisément, les réacteurs sont poussés. Leur feulement aigu envahit cette fin d'après midi. L'appareil amorce un déplacement mais ne semble pas se diriger vers les pistes d'envol. Il part à l'opposé et roule en direction de l'aérogare. Il n'y a plus, à ce moment précis, de contact entre le commandant de bord et la tour de contrôle à cent mètres de laquelle l'avion vient se positionner. En se stationnant à cet endroit, l'appareil semble s'être volontairement enfoncé au bout d'une impasse. Promesse avait été faite aux preneurs d'otages d'organiser une conférence de presse. Est-ce dans ce but qu'ils ont fait déplacer l'avion ? Ou ont ils l'impression de n'intéresser personne, de ne pas être pris au sérieux ? Si c'est le cas, on peut s'attendre à tout de leur part. D'autres otages exécutés. Ou pire encore, s'il est possible de graduer l'horreur, le déclenchement des « bombes » installées au beau milieu des passagers. Le doute rajoute à la tension.

– Mais que cherchent-ils ? Je ne saisis pas pourquoi ils ont déplacé l'avion.

– Qu'il serait bon de les voir ouvrir les portes avec l'intention de libérer les otages et de se rendre à l'issue.

– J'aimerais partager votre optimisme mais au fond de moi, j'ai du mal à y croire. Je vais appeler la tour.

– Nous, on retourne auprès des gars. Mieux vaut que nous soyons prêts. Je crois qu'on n'est pas au bout de nos surprises avec eux.

À la suite du changement de position de l'Airbus, nous faisons face à une nouvelle situation à laquelle nous sentons qu'il va falloir nous adapter rapidement. Pour les groupes d'assaut ce nouveau schéma ne change rien quant à la tactique d'intervention que nous devions mettre en œuvre. Si ce n'est que l'avion s'est éloigné du hangar derrière lequel nous nous tenons. L'appareil se situe maintenant à environ huit cents mètres, ce qui va augmenter le délai de déplacement nécessaire pour le rejoindre. Il en est tout autrement pour le groupe de Bouffy. Les tireurs, en place dans le froid, immobiles et dissimulés depuis près de 15 heures, occupent maintenant des emplacements qui ne sont plus, du coup, opérationnels. Au cours de la journée, ils avaient fait remonter nombre de renseignements détaillés et précieux sur les terroristes qu'ils avaient identifiés et vu évoluer dans l'avion à travers leurs lunettes de visée et jumelles. Ils les avaient baptisés d'un nom de code attribué à chacun d'eux. Prêts depuis leurs positions à assurer un appui-feu au moment de l'assaut. Une fois l'avion stationné au pied de la tour, ils doivent quitter leurs emplacements pour se déplacer et s'établir sur de nouveaux postes afin de faire face à la nouvelle situation. Le temps est compté, il faut faire vite. Aucun d'entre eux ne désire être relevé de ses fonctions après ces longues heures à être restés sans bouger et en ne s'alimentant, dans des conditions difficiles, que d'encas froids et de boissons énergétiques. Pour les avoir repérés, ils connaissent parfaitement les pirates de l'air. Ils usent de cet argument pour justifier la poursuite de leur mission. Logique. Ils se dirigent vers l'aérogare, tout près de laquelle l'avion s'est parqué, où ils comptent bien s'installer sur le toit ou à l'intérieur de pièces donnant sur l'appareil et qui leur offriront des postes d'observation idéalement placés. Le groupe des tireurs est surpris par la présence très importante de journalistes à cet endroit qu'ils évitent dans un souci de discrétion. En arrivant à hauteur du long bâtiment, ils n'y trouvent que des portes closes. Fermées depuis le milieu de la nuit dans un souci de sécurité. Le comble étant que cette décision découle d'une demande du GIGN. Ils n'ont pas le temps de se mettre en quête d'un technicien de l'aéroport qui pourrait déverrouiller les accès. Ils savent que chaque seconde compte. Que le dénouement est proche.

– Merde ! jette Bouffy énervé. C'est pas vrai !

Et se tournant vers Christian, il enchaîne aussitôt.

– Allez, vas y Christian, débloque-moi la situation. Dépêche toi !

Comme tous ceux du groupe, il est détenteur d'un passe-partout plutôt original. Face à la demande de Bouffy, ses yeux s'illuminent tels ceux d'un gosse a qui l'on aurait donné la permission de faire une bêtise. Son Manhurin, sorti de l'étui, claque un coup de feu comme un sésame. Le cadenas se fracasse sous l'impact de la balle et libère les chaînes. La porte est ouverte. Il n'y a pas qu'au cinéma que cela fonctionne. Mais ça, nous le savions. Derrière leur chef de groupe, deux binômes de tireurs s'engouffrent dans l'aérogare à l'assaut des escaliers. Sur le toit plat du bâtiment, Christian, Boris, Blindus, Didier et Bouffy s'installent du mieux qu'ils peuvent et peaufinent leurs positions en ayant les vues les meilleures sur l'avion. Et la possibilité de faire feu depuis leurs nouveaux emplacements. Quant à Jo et Rub ainsi que Jean-Phi et Lolo, ils se placent autour de l'avion, au niveau du tarmac.

Dans l'après midi, les chefs de groupe s'étaient mis d'accord avec Denis pour déterminer le moment à partir duquel l'intervention pourrait avoir lieu. À la tombée de la nuit. Dans à peine plus de trente minutes maintenant. Néanmoins, du fait de l'expiration de l'ultimatum à 17 heures, les trois groupes d'assaut se dirigent vers les passerelles-roulantes alignées derrière le hangar des Canadairs. Comme à chaque fois, il faut être prêts. Qui plus est, le déplacement de l'avion n'augure rien de bon et nul ne sait si l'opération ne va pas être déclenchée plus tôt. Cela fait précisément cinquante-quatre heures que les passagers restants sont retenus dans l'avion. Et plus de cinquante-trois que nous avons été mis en alerte. Aucun d'entre nous ne ressent la fatigue qu'auraient pu engendrer le mauvais sommeil et le peu de nourriture de ces derniers jours. Elle n'a pas eu de prise sur nous, encore moins au moment que l'on sent proche du dénouement de cette terrible prise d'otages. Depuis la réception du premier appel téléphonique lié a cette affaire et reçu à la caserne le samedi 24 décembre à 11 h 30, autant dans la préparation, les répétitions, les discussions et ce, jusqu'à maintenant où nous sommes à quelques minutes d'intervenir, jamais entre nous il n'a été évoqué un échec possible. Nous ne l'avons pas intégré. Pour n'avoir pas été formés ainsi. Lorsque nous nous engageons dans une intervention, c'est pour la mener à bien, la réussir. C'est à chaque fois ce qui occupe notre esprit. L'échec n'y est jamais présent. Cette fois-ci ne déroge pas à la règle même si chacun de nous a conscience qu'il ne s'agit pas d'une affaire banale, si tant est que l'on puisse attribuer ce qualificatif à une opération pour laquelle il est fait appel à nous. Au *Top action*, nous démarrerons tous persuadés du succès de notre engagement. Nous devons réussir. Réussir à libérer les cent soixante-onze passagers retenus en otage dans l'avion que nous apercevons au loin dans la lumière qui décline. Et les libérer sans qu'aucun d'entre eux ne soit tué. Nous savons que sur une prise d'otages massive, face à des hommes déterminés et puissamment armés, cela n'a jusqu'à présent, jamais été réalisé. Ce serait une première, dans toute l'histoire de la piraterie aérienne que de pouvoir y parvenir. Et nous n'en doutons pas. Ce, grâce à l'esprit qui anime chaque membre du GIGN, à son don de soi, à son abnégation, à ses qualités mises au service du collectif, au fait que l'individu s'efface au profit du groupe, ce qui en fait sa force.

V

Lundi 26 décembre – 17 heures – Aéroport de Marignane

H moins 10 minutes

Denis nous indique par radio, suite aux informations qu'il vient de recevoir par les négociateurs, que les terroristes sont en train de réciter sur les ondes la sinistre et impressionnante prière des morts. Il est précisément 17 heures, la limite horaire de l'ultimatum fixé par les preneurs d'otages. Nous nous regroupons au pied de notre passerelle. Sans s'être concertés, dans le même élan d'un geste qu'habituellement nous ne réalisons pas, nos mains s'unissent, se serrent. Onze mains empilées les unes sur les autres. Onze mains qui n'en font qu'une. Une poigne d'une incroyable force. Prête à mettre une énorme gifle à qui se mettra en travers de sa route. J'essaie de faire le tour des visages de chacun des gars de mon groupe. Derrière les visières de leurs casques, mes yeux n'y rencontrent que des regards profonds, concentrés à l'extrême.

Ils sont totalement dans la mission. Au cœur du drame qui va se jouer. La découpe des cagoules me renvoient la couleur plus pâle qu'à l'accoutumée de la pigmentation de leurs figures. J'y perçois la tension marquée sur les visages. Fermés. Déjà projetés. Engagés dans l'action. J'imagine que je ne leur offre pas une meilleure mine que la leur. Je ressens une boule au ventre. La même que celle qui se formait lorsque, boxeur, je montais sur le ring avant un combat. La même qui disparaissait au premier coup de gong. Je suis donc impatient d'entendre le *Top action* que déclenchera Denis. Malgré l'extrême tension palpable à travers nos mains unies et nos regards croisés, je suis sûr du succès de notre intervention. Au plus profond de moi, je suis intimement persuadé que nous allons réussir.

La poignée se relâche. Chacun prend la place qui est la sienne sur la passerelle dressée. Machinalement, comme une dernière vérification pourtant déjà effectuée, je pose mes mains sur mes deux armes de poing, un revolver Manhurin et un pistolet automatique P228, puis je les fais glisser sur les munitions supplémentaires garnissant les chargeurs et speed loader de réserve. J'aperçois Denis qui arrive vers les camions en courant. Son visage est marqué des traits d'un homme qui ne fuira pas ses responsabilités tout en étant conscient que la décision qu'il va prendre pèse d'un poids énorme en envoyant tous ses gars au casse-pipe. Mais il en va des vies de cent soixante-onze personnes innocentes qui, pour Noël, n'avait pas demandé de vivre un tel cauchemar. Et les terroristes ne lui laissent pas d'autre alternative, ayant franchi le point de non-retour. Ce qu'il nous confirme en hurlant à l'attention des trois groupes installés sur les marches des escaliers mobiles.

– Ils viennent de tirer sur la tour de contrôle. On y va!

Il appuie ses paroles d'un mouvement répété d'avant en arrière de sa main ouverte, tranchant l'air froid en direction de l'avion.

Il est 17 h 08. L'heure de vérité. Jeff, Marcel et Jean-Jacques mettent le contact. Les plates-formes vibrent, semblant s'ébrouer. Les trois camions démarrent en même temps et partent dans le soir, toutes lumières éteintes. Un son métallique, frottant le sol, résonne sous nos casques qui absorbent ce désagréable bruit de ferraille. Sous le poids des groupes équipés, les bas de caisse des véhicules font jaillir régulièrement des gerbes d'étincelles, dans la pénombre de cet instant de la journée que l'on nomme entre chiens et loups. Je me sens à la fois chien et loup à ce moment précis. Chien dressé à attaquer selon des règles bien précises, chien sauveteur qui œuvre sans compter pour épargner les vies, et loup sauvage qui devra s'en remettre à son instinct, loup chef de meute sur laquelle il doit veiller. À la tête de mon groupe, je me sens rempli d'une étonnante sérénité. Je ne ressens plus la boule au ventre. Je vais vers ce que je sais faire. Vers ce pourquoi je suis fait.

Les véhicules avancent lentement car ils ne sont pas prévus pour rouler avec l'escalier déployé. Encore moins chargés comme ils le sont. Sur les deux camions dont les groupes vont investir l'avion par les portes arrière, nous sommes douze personnes, onze gars du GIGN et un médecin. Pratiquement une tonne cinq avec les équipements. Pas étonnant que les moteurs soient quelque peu poussifs. Le véhicule destiné à aborder l'Airbus par sa porte avant droite ne crache des étincelles que lorsqu'il rencontre les irrégularités du bitume. Il est en effet moins chargé car il ne transporte que huit personnes de l'unité et pas de médecin à son bord. Du coup, il roule un poil plus vite que les deux autres. Pendant notre attente, Marcel, installé au volant, m'avait indiqué que l'on roulerait à vingt kilomètres heure. Je m'étais alors amusé à calculer le temps que nous allions mettre pour rejoindre l'avion placé à huit cents mètres de notre point de départ. Deux minutes et vingt-quatre secondes. Une éternité dans le cadre d'une telle intervention. Du fait du nouvel emplacement de l'appareil, les véhicules doivent d'abord venir se mettre dans l'axe de celui-ci pour ensuite pouvoir l'aborder sans être repérés.

Nous ne sommes pas encore complètement dans l'alignement et n'avons parcouru qu'environ deux cent cinquante mètres lorsque s'ouvre la porte arrière gauche de l'avion, sur laquelle l'ensemble de mon groupe, pour être celle que nous franchirons dans environ une minute et demi, fixe toute son attention. De cette ouïe sombre qui se dessine nettement, apparaissent à plusieurs reprises de petits points rougeâtres. Des tirs sont effectués par courtes rafales. Les ricochets sur la piste et une balle qui vient se ficher contre une armature de la passerelle-roulante indiquent que nous sommes pris pour cible. Aucun dégât n'est à déplorer. Les véhicules continuent d'avancer au rythme souffreteux des moteurs. La porte s'est refermée. Les tirs n'auront duré que quatre à cinq secondes. Jusque-là, aucune parole n'avait été prononcée depuis notre départ des hangars. Cet incident déclenche un court échange.

– Putain, ils nous ont repérés !

– Non, je ne crois pas. On est collé aux marches. De si loin, ils n'ont pas pu nous voir. Ce qu'ils ont vu, c'est uniquement les engins en déplacement.

– J'espère que c'est seulement ça...

– Et qu'ils ne sont pas en train de péter les plombs avec les passagers. Sinon ils vont faire un carnage.

– Les salauds! S'ils nous attendent, ils ne vont pas avoir affaire à des ingrats.

Chacun retrouve le mutisme dans lequel il était plongé avant les tirs des terroristes. J'aimerais que Marcel écrase l'accélérateur pour nous faire faire le bond qui nous permettrait d'effectuer d'un coup la distance qui nous sépare encore de l'avion. Il est sûr que, même s'ils ne nous ont pas détectés sur les escaliers, ils vont être sur leurs gardes. Un comité d'accueil doit nous attendre derrière la porte. Celle de l'arrière gauche par laquelle nous allons entrer. Celle d'où sont parties les rafales. Celle qui, lorsqu'on la manœuvrera pour l'ouvrir coulissera doucement sur le côté, freinée par son système hydraulique. Celle qui, par son lent mécanisme, augmentera les risques pour celui qui s'apprêtera à la franchir en premier. Je pense à Régis que j'ai désigné pour tenir ce rôle. Je ne doute plus qu'il va se faire tirer dessus en étant le plus exposé de mon groupe. L'image de sa femme et de ses deux jeunes enfants me traverse l'esprit. Une fraction de seconde. Vite effacée à l'idée que nous formerons un bloc compact derrière lui, collé à lui. S'il prend, nous prendrons aussi mais nous saurons donner. Ce n'est pas une succession d'individus qui va franchir la porte. C'est un groupe. Un groupe du GIGN. Et nul ne l'arrêtera. Je suis de nouveau dans l'assaut. Complètement. Mais que les mètres à parcourir défilent lentement.

En franchissant un léger cassis traversant toute la largeur de la piste, le camion sursaute. Sur la marche la plus basse, le docteur V. manque de tomber et Pascal le rattrape in extremis en l'agrippant d'une poigne bien ferme. Je croise le regard de Marco qui a également vu la scène. Ses yeux plissés m'indiquent qu'il rit sous sa cagoule. Je résiste au fou rire en imaginant la scène du toubib courant après le camion tout en ramassant son matériel éparpillé sur la piste. Quelques secondes plus tard, Marco a retrouvé le masque empli de gravité qui sied à la situation présente.

Depuis un moment, nous roulons dans l'axe de l'avion et ne pouvons par conséquent plus être vus par qui que ce soit à l'intérieur de celui-ci. La passerelle roulante la moins chargée, qui doit investir l'appareil par la porte avant, a pris de l'avance sur ses jumelles plus lourdes. En abordant l'Airbus, il lui faudra contourner l'aile droite et par conséquent elle doit faire un peu plus de chemin que nous. Mais il me semble qu'elle a pris un peu trop d'avance.

Dans la plupart des cas, le commandant du GIGN se trouve en retrait de l'action afin de bénéficier d'une vision générale plus favorable et pouvoir faire une analyse globale plus aisée. Il est alors à même de donner le *Top action* au moment qu'il jugera le plus adéquat. Tout à l'heure, après l'avoir donné, Denis a embarqué sur la passerelle roulante qui file vers l'avant de l'avion. Il ne se sent pas le droit de ne pas être un acteur de cette intervention délicate. Il désire vivre cet événement en son cœur. Au milieu de ses hommes dont il se sait responsable dans une telle opération.

Il s'est mis, pour cela, à disposition du chef de groupe au sein duquel, faisant preuve d'une grande humilité, il se transforme en équipier.

Il nous reste environ deux cents mètres à parcourir. Je focalise mon attention sur la porte par laquelle nous allons pénétrer. Désolé Régis, je ne pense plus a toi. Tous les gars de mon groupe ont le regard fixé sur la porte arrière gauche. Nous nous accroupissons sur nos jambes fléchies, prêtes à nous propulser dans un bond de félin. Karl et Bull, positionnés en haut des marches, braquent d'initiative leurs armes sur la porte. Je me redresse un peu pour apercevoir le camion prévu pour l'avant en train de contourner l'aile. Nous savons tous qu'à cet instant précis, les terroristes vont le repérer et saurons qu'une intervention est en cours. Ce que nous souhaitons dans cette manœuvre, c'est que les deux preneurs d'otages qui seront les premiers à apercevoir le véhicule pour être installés à l'arrière de l'avion soient attirés par sa progression et se portent vers le cockpit afin d'informer leurs deux équipiers de ce qui se trame à l'extérieur. L'idéal pour nous serait qu'ils se regroupent.

H moins 5 secondes

Groupe porte avant droite

Nous ne sommes plus qu'à cinquante mètres de l'avion. Une poignée de secondes. Le temps qui nous sépare de l'heure de vérité. La passerelle-roulante du groupe avant arrive au même instant au contact de l'appareil. Jeff freine au dernier moment, le moindre dixième de seconde compte. Il stoppe parfaitement le camion. Olivier, aidé de Pascal, déverrouille la porte, l'attire vers lui afin qu'elle puisse coulisser sur la droite dans sa position ouverte. Mais elle bute sur la plate-forme du haut de l'escalier et se coince contre celle-ci. L'espace n'est pas suffisant pour que son système hydraulique la fasse basculer latéralement. Olivier tente de tirer la porte en force par deux tractions très vives. Jeff, toujours au volant de l'engin et le regard fixé sur ce qui se passe quelques quatre mètres au-dessus de sa tête, comprend immédiatement le problème auquel sont confrontés ses copains. La hauteur de l'escalier, pourtant contrôlée le matin à plusieurs reprises, a du se dérégler durant le long déplacement effectué pour rejoindre l'avion. Sur la plate-forme, Arlé, en appui avec son pistolet automatique SIG P228 pointe son arme vers la porte coincée mais entrouverte d'une vingtaine de centimètres. En même temps qu'il tente d'agir sur la porte, on entend Olivier jurer.

– Merde! Merde!

– Arlé, fais gaffe, il y a du monde derrière ! crie alors Thierry à ses cotés, Manhurin dirigé vers cette putain de porte dont il pense alors qu'un terroriste la bloque de l'intérieur.

Dans le même temps, Jeff a enclenché une marche arrière. L'escalier fait alors un léger bond de cinquante centimètres. Olivier qui était arc-bouté sur la porte, surpris par la manœuvre, bascule avec celle-ci sur la droite sous la pression du dispositif hydraulique. Il se retrouve dans le vide se retenant au système d'ouverture et effectue un rétablissement en force pour se positionner de nouveau sur la plate-forme. Celle-ci s'est vidée de ses occupants qui ont été comme aspirés par le fuselage dès l'ouverture réalisée. Ce petit incident n'a duré qu'environ cinq secondes qui ont du paraître bien longues à tous les membres du groupe d'assaut. Un grain de sable sans réelle conséquence grâce à la vigilance de Jeff, qui ne s'est pas contenté de garer le camion au bon endroit mais a pris en compte également la suite des opérations par une attention qu'il n'avait pas relâchée.

H Zéro

Groupe porte avant droite

Le groupe s'est engouffré comme un seul homme dans l'avion derrière Arlé, le premier à franchir la porte. Le premier à courir vers ce qui se transformera en un enfer dans la seconde qui suit. Il se met immédiatement en appui à gauche, face à l'arrière. Il crie au passagers de se coucher sur les sièges ou aux pieds de ceux-ci. L'enfer, c'est Thierry qui va l'affronter en bondissant derrière l'homme de tête. Trois ou quatre courtes enjambées lui permettent, comme à l'entraînement, de parcourir le petit couloir qui mène au cockpit. Arrivé devant l'entrée de celui-ci, un coup de feu claque. Des terroristes, surpris par l'irruption si rapide de Thierry, un seul a réagi en tirant, sans l'atteindre dans sa direction, avec un pistolet automatique. Celui qui est à genoux sur la droite dans cet espace réduit, et qui a revêtu une veste de steward. En un dixième de seconde, Thierry doit analyser la situation qui se révèle devant lui et réagir le plus promptement et le plus efficacement possible. Face à lui, un autre pirate de l'air, dégarni, chemise blanche, un pistolet mitrailleur Uzi en main. Et encore sur la droite, un troisième, vêtu également de blanc, armé d'un pistolet automatique. En un balayage de la scène, Thierry a pris sa décision. Son Manhurin 5 pouces 1/4 pointe le dégarni et dans le même temps fait entendre, dans la flamme qui jaillit en bout du canon, le premier coup de feu du GIGN. La 357 magnum se loge précisément à l'endroit visé. Le terroriste, touché, vient s'affaler sur le dossier du fauteuil du commandant de bord qui sent alors derrière lui le poids du corps mort retenu verticalement par son dossier. Thierry enchaîne une légère rotation du tronc sur la droite. Bien campé sur ses jambes, il dirige son arme prolongeant son regard vers le terroriste qui avait fait feu sur lui lors de son irruption dans le cockpit. Sous l'impact de la seconde munition 357, le preneur d'otages bascule sur le côté, ses grosses lunettes noires toujours sur le visage. Comme greffées sur son nez. Thierry aligne alors le troisième pirate de l'air, repéré lors du tour d'horizon effectué en entrant. Il est assis sur le siège derrière celui du copilote. L'irruption surprenante et le traitement plus que rapide des deux premiers terroristes par Thierry a pratiquement laissé sans réaction ses adversaires. Ceux-ci réagissent au moment où il presse la détente de son arme pour la troisième fois. En même temps, deux balles lui percutent l'avant bras. Sa 357 magnum se fiche alors dans le pare-brise de l'Airbus qui s'étiole sous l'impact sans qu'elle parvienne à le traverser. Thierry ressent une terrible douleur. Vive. Insupportable. Tout son bras est paralysé sous la puissance de la munition 7,62 de la Kalachnikov AK 47 dont a usé un quatrième terroriste. Planqué sous la tablette du mécanicien-navigant, il n'avait pas été détecté par Thierry qui sent alors une troisième puis une quatrième balle venir se loger dans le haut de son bras droit. À chacune des deux rafales qu'il reçoit, son corps, également atteint, chancelle comme un pantin de caoutchouc sous les impacts. Le gilet pare-balles remplit son office en retenant les fines ogives dans ses fibres. Les premiers impacts ont été si violents que les suivants pénètrent sa chair sans rajouter à la souffrance qu'il ressent déjà. Les balles le frappent comme s'il était anesthésié. Le pistolet mitrailleur Uzi est ramassé par le troisième pirate de l'air, celui-la même qui s'en est sorti grâce à l'intervention de l'homme à la Kalach. Les deux armes s'unissent pour rafaler encore davantage Thierry. Une nouvelle série le percute en montant. Deux balles lui explosent l'articulation de l'épaule. Il vacille. Ses jambes se dérobent. Il va s'écrouler vers l'avant quand la dernière balle de la rafale vient le frapper au niveau du visage faisant exploser sous l'impact la partie droite de sa visière. Le choc subi, terrible, projette Thierry en arrière qui tombe à la renverse à l'extérieur du cockpit. Vidé de ses forces, il parvient néanmoins à ramper un peu afin de s'écarter de l'accès à la cabine de pilotage. Des balles fusent quelques centimètres au-dessus de lui. La moquette se teinte de rouge. Un liquide chaud lui voile la vue. Il perçoit l'odeur de son sang et fait un terrible effort pour lutter contre la douleur et demeurer conscient. L'assaut de Thierry n'a duré que neuf secondes depuis qu'il a franchi la porte.

H plus 9 secondes

Arlé et Puce répondent aux terroristes qui continuent de tirer dans la direction de leur copain sans pour autant l'atteindre.

Les pirates de l'air lâchent quelques rafales à travers les parois des toilettes contiguës au cockpit.

Olivier tombe à genoux. Il a été atteint par une balle dans la jambe gauche. Son tibia a explosé. Il se traîne jusqu'à la plate-forme de la passerelle-roulante. Arlé s'engage à son tour vers le cockpit. Il ne peut plus bénéficier de l'effet de surprise de l'irruption du groupe qui a joué durant les premières secondes de l'assaut. À peine se dévoile-t-il qu'il est reçu par deux rafales qui font mouche. Touché à l'épaule, la puissante munition le fait tomber sur le dos. Dans cette inconfortable position, il parvient tout de même à ramper en poussant énergiquement sur ses jambes pour s'éloigner du coté du couloir de droite.

Puce, pratiquement dans l'axe de l'entrée du cockpit offre son corps comme un bouclier humain de protection pour les passagers des premiers rangs encore couchés sur leurs sièges. Il n'a pas les terroristes en vue et ne peut pas tirer au juger, les trois membres de l'équipage étant également dans la cabine de pilotage. Il prend alors une balle dans chaque cuisse venant d'une rafale lâchée une nouvelle fois par les preneurs d'otages. Puce a eu le temps d'apercevoir l'arme et a pu répliquer en effectuant un tir à travers la cloison, après avoir évalué de façon précise l'emplacement occupé par celui qui vient de le toucher. Se dessinent alors sur les jambes de sa combinaison d'énormes auréoles qui assombrissent davantage le bleu marine du tissu. Il sent la force de ses appuis défaillir. Avant de tomber, il crie à l'attention des autres membres du groupe.

– Je suis touché. Cockpit pas clair, cockpit pas clair !

Puis il s'écroule volontairement sur une passagère. Elle reçoit les cent trente kilos de son protecteur sous lequel elle disparaît. S'il n'avait pas été là en écran devant elle, les deux balles l'auraient atteinte.

H plus 20 secondes

Groupe porte arrière gauche

Grâce à un parfait coup d'œil, Marcel stoppe notre passerelle-roulante pile à l'endroit prévu. Les armes sont braquées sur la porte que Karl et Bull s'appliquent a déverrouiller le plus rapidement possible au travers de gestes précis pour avoir été maintes fois travaillés et répétés. Régis est prêt à bondir, son pistolet mitrailleur prolongeant son regard concentré. Je m'attends, comme nous tous, sans doute, à le voir se prendre une rafale. La porte bascule sur le côté. Elle n'est pas encore calée qu'il a déjà bondi comme un chat dans l'avion. Aucun coup de feu ne retentit. En même temps que cette réflexion me traverse l'esprit, tout le groupe a franchi au complet le seuil de la porte. Régis s'est mis en appui pour couvrir la progression du trinôme derrière lequel je suis calé.

Groupe porte arrière droite

Par la porte arrière droite, le groupe de Philippe a investi l'appareil dans la même seconde que nous. Le timing est parfait. La progression qu'il met en application est la même que la nôtre, nous renvoyant comme un miroir nos propres actions. Largo, tout comme Régis de notre coté, s'est mis en appui vers l'arrière. Par l'étroit couloir de droite, Tonio, Esbombé et Leeroy progressent vers l'avant, leurs pistolets mitrailleurs HK MP5 A5 pointés devant eux.

Groupe porte arrière gauche

En parallèle sur la gauche, Karl et Bull équipés du même armement forment la pointe avant de mon groupe. Les pistolets mitrailleurs qui offrent différentes possibilités d'utilisation, ont été réglés au coup par coup afin d'effectuer des tirs plus précis au vu du nombre important d'otages retenus dans l'avion. Avec l'Écureuil, collés à eux, nous formons un bloc compact soudé, qui avance à pas mesurés, prêt à neutraliser toute menace susceptible d'être rencontrée. Tous nos sens sont en éveil. Tels des animaux percevant un danger et s'en remettant à leur instinct pour le détecter, le combattre ou le fuir. Pour nous, pas question de fuite. Nous cherchons l'affrontement. L'adversaire est connu. Ils nous faut le trouver, le contenir et le vaincre. Tout en protégeant la vie de cent soixante et onze personnes. Ces otages, surpris par notre irruption, impressionnés sans doute par l'image que renvoient tous ses hommes unis, aux visages casqués et masqués, vêtus de sombre et lourdement équipés. Des cris, quelques mouvements mais pas de panique parmi les passagers. L'un d'entre eux se jette sur l'Écureuil comme dans les bras d'un libérateur, ce qui l'oblige à maîtriser son surprenant agresseur. Nous poursuivons à trois notre progression vers le nez de l'avion. Les mètres sont avalés rapidement. Les dossiers des sièges de part et d'autre de l'étroite allée tremblent régulièrement comme s'ils étaient frappés. Des particules blanchâtres dégringolent du plafond comme des rideaux de fins flocons de neige que l'on franchit à plusieurs reprises. Nous sommes pris pour cible. On nous tire dessus et nous nous dirigeons droit vers le départ des coups. Tant mieux si l'on a capté l'attention des terroristes et qu'ils tentent de nous atteindre avec leur armes. Car pendant ce temps-là, les otages sortent ainsi de leurs pensées. Et c'est le but car nous sommes là pour eux. Pour les sauver. Maintenant, c'est clair. C'est dans le cockpit qu'ils se tiennent. Nous nous hâtons sur les derniers mètres pour leur imposer une forte pression et continuer d'accaparer toute leur attention. Les coups tirés nous parviennent nettement.

H plus 26 secondes

Un bruit sec claque un « tac à tac » que je ne connais pas. Nous découvrons la sinistre musique aux notes régulières de la Kalachnikov AK 47. La fameuse arme de guerre soviétique arrose de ses balles meurtrières le trinôme que nous formons, parvenu à deux mètres de l'entrée du poste de pilotage après une progression exposée dans le couloir, en plein axe de la porte d'accès du cockpit.

La rafale suivante explose l'arme et la main de Karl qui, malgré une vive douleur, reste en place, ne voulant pas céder de terrain. Il n'ose pas regarder les dégâts subis par l'extrémité de son bras qui le fait terriblement souffrir. L'impression d'avoir perdu sa main. Il tente néanmoins de se saisir de sa seconde arme mais ne parvient pas à l'attraper et se résout alors à porter son regard sur cette partie ensanglantée qui ne lui obéit plus. Il lui manque des doigts. L'un d'eux pend, retenu par un mince filament de peau. Il le place dans le creux de sa paume, maintenu dans le sang par ce qui lui reste de phalanges valides. Il se met en retrait pour s'évacuer. Mais la Kalach poursuit sa funeste besogne. Le son d'un pistolet-mitrailleur se mêle à la partition.

Tout va très vite. La scène se déroule comme un mauvais film en accéléré. Un film dramatique, de sang, de peur, de cris, de râles. Il ne s'est peut-être passé que quatre à cinq secondes depuis que Karl est touché. Et déjà Bull a pris sa place. C'est un enfer de feu. Aux tirs tendus, fréquents et à l'aveugle des terroristes, répondent les nôtres plus précis, calculés, réfléchis. Bull est touché à son tour. Une balle dans le bras et des éclats métalliques au visage le contraignent à évacuer.

Tout est allé si rapidement qu'il me semble qu'ils ont tous deux été atteints par la même rafale. Je me retrouve seul pour poursuivre le travail effectué jusque-là par ces deux combattants. Mais l'heure n'est vraiment pas à se laisser embarquer par d'autres réflexions que celles liées à la mission. Les tirs reprennent.

Je plonge les deux pieds en avant pour me retrouver à plat dos, dans une position peu académique mais néanmoins souvent travaillée lors de nos séances de tirs et particulièrement bien adaptée à la situation du moment. Ainsi allongé, j'aperçois régulièrement le canon de la Kalach présentant son extrémité dans l'encoignure de la porte du cockpit pour cracher ses courtes rafales passant à une trentaine de centimètres au-dessus de moi. Malheureusement, à aucun moment le tireur ne se dévoile. Pas même sa main ou le bout de son nez. Au vu de la hauteur de son arme, le terroriste est à genoux, planqué derrière la séparation des toilettes jouxtant la cabine du poste de pilotage. À plusieurs reprises, lorsqu'il pointe son canon vers ma position pour faire feu, je tire à travers la cloison, précisément où il se tient. Mais il est protégé par l'épaisseur des appareils d'aide à la navigation placés à cet endroit.

Dans l'espace réduit du cockpit, nous savons tous qu'il y a sept personnes. En plus des quatre terroristes s'y trouvent le commandant de bord, le copilote et le mécanicien-navigant. Aussi ne peut-on pas répondre par des tirs soutenus aux régulières rafales lâchées dans notre direction. Tout est confiné. Le volume. Le périmètre, réduit. Le temps. Très court. Cet échange de tirs à moins de cinq mètres les uns des autres. Et dans ce lieu fermé, la sensation d'une intense guerre concentrée.

Au pied de la porte du cockpit, un homme se déplace à quatre pattes. Ses vêtements sont ceux de l'équipage. Pantalon bleu marine, chemise blanche mais tachée du sang de la blessure infligée par Thierry lorsqu'il a touché le deuxième terroriste. Je prends en compte sa progression. Il dirige alors une arme de poing dans ma direction et fait feu. Je réplique immédiatement. La puissante munition 357 magnum de mon Manhurin 5 pouces 1/4 vient se loger à l'endroit précis de ma visée. Quelques centimètres au-dessous de son épaule. Mis hors d'état de nuire, il ne se relèvera plus.

Le silence se fait. Courte trêve de quelques secondes. J'aperçois alors sur ma gauche, face contre terre, gisant dans une flaque de sang, l'un des nôtres. Il tourne très légèrement la tête vers moi. C'est bon, il est en vie. Ses yeux sont enfoncés dans un visage boursouflé et compressé par son casque abîmé. J'ai du mal à le reconnaître. Ce regard qu'il m'adresse, c'est celui de Thierry. Merde ! Il a l'air salement amoché. Je vois de nouveau un canon se pointer. La Kalach résonne dans la cabine.

H plus 38 secondes

Groupe porte avant droite

Depuis la plate-forme de la passerelle avant, P'tit Bourrin aperçoit un homme s'extraire du cockpit par un des hublots latéraux. Assez rapidement, celui-ci parvient à s'asseoir sur le bord inférieur de l'ouverture, le buste à l'extérieur qu'il maintient fortement par ses mains agrippées sur les montants. Essayer de passer les jambes dans cet espace réduit est plus délicat. En le faisant, il lâche prise et glisse le long de la carlingue sans avoir pu équilibrer son corps. L'arrondi du fuselage le bascule encore davantage et l'homme s'écrase quelques cinq mètres plus bas. P'tit Bourrin a remis son pistolet à l'étui. Il enjambe la rambarde de la passerelle à la base de laquelle il se suspend par les bras. Puis effectue une légère traction afin de se stabiliser avant de se lâcher dans le vide. Il se réceptionne lourdement du fait des trente kilos d'équipements dont il est porteur. Il ressent dans son contact avec le sol une vive douleur dans le bas du dos.

L'homme qui avait fui l'enfer du cockpit au risque de se rompre le cou au sol s'est relevé avec difficulté et amorce un déplacement dans la souffrance. Il est identifié comme étant le copilote. À la fois par Jeff, resté sur la piste en appui et par P'tit Bourrin qui avait quitté la passerelle de manière acrobatique juste pour prendre en compte cet homme qui aurait pu être l'un des terroristes. Voyant que celui-ci ne représente aucun danger, il remonte les marches de l'escalier qui mène à l'avion, malgré la douleur ressentie au niveau de sa colonne vertébrale qui lui paraît comme déchirée.

Groupe porte arrière gauche

Je suis seul à me trouver en plein dans l'axe de l'entrée du poste de pilotage d'où sont régulièrement lâchées des rafales de Kalach et d'Uzi. Je réponds à leurs tirs pour les contenir dans le cockpit, ayant compris que mes balles ne les atteignent pas car ils sont abrités derrière d'épais appareils métalliques. Je sais que, tout juste derrière moi, mes équipiers sont occupés par l'évacuation des passagers. Tonio et Esbombé, les hommes de tête du groupe de Philippe sont à ma hauteur sur ma droite, protégés des vues des terroristes par les cloisons qui laissent de temps en temps passer les munitions blindées dont ceux-ci se servent. Ils ne peuvent pas répondre en aveugle car il y aurait un risque d'atteindre le pilote et son mécanicien qui sont encore présents dans cet espace réduit. Ils font écran pour les otages qui ne sont pas encore évacués et qu'ils s'efforcent de faire se déplacer vers l'arrière de l'appareil en les faisant ramper le plus possible.

Derrière, Marco, Régis, Fred et Jean-François, rejoints par Marcel, ordonnent fermement aux passagers de se coucher et commencent à diriger les premiers vers la passerelle qui nous a conduits jusqu'à l'avion. Côté droit, Alain, Largo, et Jean-Jacques tiennent les mêmes rôles.

H plus 56 secondes

Jarqui se dirige rapidement vers la première porte qu'il rencontre sur sa gauche en remontant vers l'avant de l'appareil. Il l'ouvre en manipulant la grande poignée fixée sur celle-ci et déclenche le toboggan. Celui-ci, en se dépliant, se désolidarise de la carlingue. Il fuse sur la piste et termine de se gonfler sur le sol. Les passagers les plus proches de cette sortie, se hâtent vers elle et le grand Jarqui doit, face à leur totale incompréhension, leur interdire l'accès à ce qu'ils voyaient tous comme la porte vers la liberté. Il use de fermeté, hausse la voix face aux passagers, otages depuis plus de cinquante-quatre heures, qui sont prêts à se lancer dans le vide pour fuir l'enfer de feu qui sévit dans l'avion. Leur pénible et longue détention a chassé de leurs esprits l'appréhension qu'ils devraient ressentir face au danger que représentent les cinq mètres de chute au-delà de cette issue. Jarqui finit par les faire se tasser au sol pour rejoindre la porte la plus en arrière.

Les échanges de coups de feu à l'avant de l'avion résonnent aux oreilles des passagers tapis contre le sol. Pour les rassurer et garder sur eux l'autorité nécessaire afin d'éviter toute panique, seuls les hommes du GIGN demeurent debout.

H plus 1 minute et 18 secondes

Groupe porte arrière droite

Sur le côté droit, Philippe, lorsqu'il arrive près de la porte qu'il doit manœuvrer, trouve un steward juste contre celle-ci. Il semble attendre une consigne.

– Ouvre-là et fais péter le toboggan, lui crie-t-il.

Dans l'ouverture, il voit se déplier dans la nuit comme une énorme « langue de belle-mère » orangée. Deux secondes plus tard, le premier otage se jette dessus dans un bond lointain tant il y met de rage et d'énergie, ses forces étant décuplées par la peur et le bonheur de fuir cet avion dans lequel claquent les rafales.

H plus 1 minute et 35 secondes

Groupe porte arrière gauche

À gauche, Pascal, qui a effectué la progression dans l'étroite allée juste derrière notre trinôme, s'en est désolidarisé pour ouvrir la porte avant et agir sur la poignée rouge sur le côté afin d'armer le toboggan qui se déplie parfaitement. Cette issue est proche du cockpit d'où partent les tirs des terroristes. Aussi, les gars chargés de faire évacuer les passagers n'orientent aucun d'entre eux vers cette porte.

Arrivant du couloir de droite et progressant accroupi entre deux rangées de première classe dont les passagers, également à quatre pattes, se sont déplacés vers l'arrière de l'avion, Denis me rejoint. Je me sens moins seul sur ce côté exposé et apprécie de le retrouver dans la continuité des trois jours passés ensemble. Je recale rapidement mon regard sur le pistolet que je pointe toujours vers la cabine de pilotage. Si seulement, en même temps que sa Kalach, il pouvait pointer son museau, je ne manquerais pas de lui faire faire connaissance avec mon 9 mm. Depuis quelques secondes, les terroristes semblent avoir compris quelle était ma position. Les dernières rafales de leur part sont plus précises. Le canon de la Kalach pointe davantage vers le bas et les balles me frôlent maintenant d'une petite poignée de centimètres. L'arme soviétique lâche alors une longue rafale dans ma direction. Dans le même temps, l'Uzi transperce la cloison vers la porte avant droite, obligeant Bardelloche et Fabrice à reculer sur le palier. Je réplique aux tirs dans la seconde. J'aperçois, tout près de moi, le Manhurin de Denis qui répond également aux rafales des pirates de l'air. Un trou se forme sur la cloison, à l'endroit précis où je vise depuis que j'occupe ma position, correspondant à l'emplacement de l'homme à la Kalach. Denis concentre ses tirs sur cette ouverture de trois à quatre centimètres de diamètre. Il éjecte les six étuis de son revolver et s'aperçoit qu'au cours de l'assaut ou lors de son déplacement entre les rangs de sièges, ses munitions de réserve ont du tomber au sol sans qu'il s'en rende compte.

– Roland, donne-moi des 357 !

Sa voix a un timbre guttural que je ne lui connaissais pas jusqu'alors. Le son d'une demande pressante. Mon arme est toujours dirigée vers le cockpit. Les terroristes ne tirent pas. Je tourne très légèrement mon visage vers Denis sans lui répondre. Un léger sourire, étonné par sa demande. Je conserve l'étroit couloir desservant le poste de pilotage dans mon champ de vision. Cette fois-ci, c'est le canon de l'Uzi qui pointe son extrémité. Je fais feu avant que le pistolet-mitrailleur ne crache ses balles. Désolé Denis, en l'état actuel des événements, je ne peux pas t'aider. La courte accalmie qui suit notre échange me permet de changer de chargeur. Le pouce de la main qui maintient l'arme effectue une pression sur le poussoir qui libère le magasin dans lequel, pour avoir compté mes coups, je sais qu'il ne me reste plus qu'une cartouche. Une autre est engagée dans le canon. De ma main libre, je me saisis d'un chargeur rempli de munitions et, sans quitter des yeux le cockpit, je le glisse dans son emplacement jusqu'à entendre le clic m'indiquant qu'il est bien engagé.

L'Écureuil arrive de l'allée de droite et tend à Denis deux speed-loader garnis de 357. Il est de nouveau opérationnel dans la seconde qui suit et dans les conditions infernales que nous rencontrons, il doit se sentir moins nu.

À l'arrière de l'appareil, tous les gars désignés s'activent pour faire sortir les passagers. Côté gauche, seule la porte par laquelle nous sommes entrés permet d'évacuer les otages. Cette opération s'effectue dans une surprenante sérénité grâce aux directives précises reçues, leur permettant de se sentir en confiance en s'en remettant à ces hommes aux tenues sombres. À droite, le toboggan de la deuxième porte située vers l'avant s'est éjecté sans se gonfler et pend contre la carlingue, inutilisable pour évacuer qui que ce soit. Les passagers empruntent la passerelle d'accès du groupe de Philippe ainsi que le toboggan sur lequel ils se jettent sans retenue en respectant la cadence imposée par Éric, Thom, Franck et Leeroy afin qu'il n'y ait pas d'accidents au cours des sauts.

H plus 2 minutes et 5 secondes

Dans le galley, l'espace central habituellement réservé aux membres de l'équipage pour confectionner les plateaux-repas et préparer les boissons, quatre blessés du GIGN se sont regroupés. Puce, une balle dans chaque cuisse, parvient à se traîner vers la porte avant gauche. Il est le premier à glisser sur le toboggan déplié à cet endroit en bas duquel il est réceptionné par le personnel de l'EPIGN[5] dont la mission consiste à récupérer les passagers pour les diriger ensuite vers l'aérogare. Le toubib se porte à sa hauteur et effectue les premiers gestes d'urgence médicale.

H plus 2 minutes et 18 secondes

Groupe porte avant droite

En même temps qu'elle tombe sur le bitume de la piste, une

5. Escadron Parachutiste d'Intervention de la Gendarmerie Nationale.

grenade aveuglante crache un flash qui illumine le nez de l'avion dans la pénombre de cette fin d'après-midi. Elle a été lancée depuis la plate-forme de la passerelle avant par Bardelloche qui, dans un angle très fermé, a tenté de lui faire atteindre l'intérieur du cockpit en visant, pour la faire entrer, le hublot ouvert par lequel s'est échappé le copilote. Cette munition n'est pas destinée à neutraliser ou à blesser, auquel cas elle n'aurait pas été utilisée dans un espace fermé aussi réduit et dans lequel se trouvent toujours deux otages. Elle n'a pour destination que d'éblouir et d'aveugler durant de très courtes secondes les terroristes et permettre dans le même temps l'action d'autres membres du GIGN pour investir de nouveau la cabine de pilotage. En explosant sur la piste, elle n'a pas eu l'effet escompté. Bardelloche dégoupille une seconde grenade du même type et effectue un nouveau lancer en direction du hublot ouvert. Cette fois-ci, elle pénètre dans le cockpit dont elle inonde de sa lueur phosphorescente tout l'intérieur. Les pirates de l'air, bien qu'aveuglés, répondent par une série de tirs très fournis vers l'intérieur de l'avion. Et interdisent ainsi à quiconque d'investir l'avant de l'appareil sans faire prendre des risques énormes pour le pilote et le mécanicien-navigant ainsi que pour les passagers qui ne sont pas tous encore sortis de l'Airbus.

H plus 2 minutes et 35 secondes

Un échange de coups de feu a lieu à cet instant précis. Dans la même seconde, Arlé, qui avait été conduit à l'abri dans le galley par Tonio, glisse à son tour sur le toboggan avant gauche. Son épaule fracassée lui interdit tout mouvement du bras gauche.

Il est le second blessé du GIGN à quitter l'avion pour être pris en compte par le service médical. À chaque fois que l'un des nôtres évacue, il coupe le secteur de tir des terroristes. Aussi, Philippe nous prévient par radio des mouvements de nos blessés. Ainsi, avec Denis, nous tirons quelques cartouches en direction des pirates de l'air afin qu'ils ne puissent pas utiliser leurs armes durant ces déplacements.

H plus 3 minutes et 15 secondes

Je regarde assez régulièrement Thierry qui ne peut pas bouger tant il a été durement touché. Salement atteint. Il gît là, à peine à deux mètres de moi, et je ne peux pas, en l'état actuel des choses, lui venir en aide. Il souffre en silence. Sans appeler. Sans se plaindre. Il s'accroche pour ne pas perdre connaissance. Karl, à son tour, se laisse glisser sur le toboggan des blessés suivi, une petite poignée de secondes plus tard, par son ami Bull. Les deux judokas, unis dans la mission de pointe du trinôme, le sont également dans les blessures de leurs chairs.

H plus 3 minutes et 40 secondes

Les quinze heures passées derrière leurs FRF2, efficaces fusils de précision, ont été difficiles pour le groupe des tireurs. La température extérieure n'a pas excédé les deux degrés du fait d'un petit mistral soufflant son air froid sur la vaste étendue de l'aéroport où il n'est ralenti par aucune construction et s'en donne ainsi à cœur joie. Depuis leurs nouvelles positions sur le long bâtiment de l'aérogare, il leur a fallu retrouver et identifier, à travers leurs lunettes de visée, les terroristes qui se sont déplacés au moment de l'assaut. Qu'ils se soient regroupés dans un espace aussi réduit que le cockpit, où se trouvent encore le pilote et le mécano, rajoute à la difficulté rencontrée par les tireurs. Toute la délicatesse de leur mission, celle d'une intervention efficace de leur part sans mettre en péril la vie des otages.

– Denis, il faut qu'on parvienne à déloger celui qui se trouve dans le coin à droite. Celui qui rafale à travers les cloisons avec son pistolet-mitrailleur.

Cela fait déjà un bon moment que j'ai repéré l'endroit où se tient l'un des preneurs d'otages. Celui qui tire en aveugle et qui interdit à Bardelloche et à Fabrice de pénétrer dans l'avion.

– Demandez aux tireurs par radio qu'ils appliquent des tirs précis sur la partie gauche du cockpit, pour eux. Trente centimètres sous le dernier hublot du poste de pilotage. Et précisez-leur notre position.

La Kalach tire une nouvelle fois. Une seule et courte rafale. Deux balles qui se fichent dans le dossier du siège au pied duquel je suis toujours allongé sur le dos. Je réplique aussi à l'économie. Denis tire également. Puis je l'entends joindre l'équipe des tireurs par radio.

– Bouffy de Denis.

– Oui Denis, parlez !
– Il reste deux terroristes à neutraliser. Faites effectuer des tirs sur le cockpit. Trente centimètres sous le hublot le plus à gauche pour vous. L'équipe d'assaut est à environ quatre à cinq mètres plus à gauche encore. Est-ce que c'est clair pour vous ?
– OK, Denis. C'est clair pour nous. On s'en occupe.

Quelques secondes s'écoulent. Le temps pour Bouffy de retransmettre la demande par radio à ses tireurs. J'imagine ce qu'il est en train de leur dire sur les ondes.

– À tous les tireurs qui ont en visuel le coin gauche du cockpit, trente centimètres sous le dernier hublot. Les deux terroristes sont accroupis à cet endroit précis. L'équipe d'assaut est à cinq mètres en arrière. Vous pouvez faire feu d'initiative en limitant le tir chacun à une cartouche.

Au GIGN, tous les gars reçoivent la même formation. Tous sont tireurs d'élite. Tous sont à même d'intégrer une équipe d'assaut. Par conséquent, nous sommes tous interchangeables. Cela offre l'avantage de comprendre les problèmes rencontrés par les autres et de pouvoir répondre aux demandes de leur part qui en découlent. Et ce, en toute confiance.

H plus 4 minutes

Comme un tir simultané, quatre coups de feu claquent bruyamment d'une puissante détonation et transpercent la carlingue précisément à l'endroit voulu. Blindus, Didier, Christian et Boris, ont appliqué leurs tirs sans voir les terroristes, uniquement en respectant les consignes, sûr de ne pas toucher qui que ce soit d'autre si ce n'est l'un des pirates de l'air. Suivent vingt secondes de silence qui me laissent penser que les balles de nos tireurs ont atteint leurs cibles. Durant ce laps de temps, la voix de Philippe se fait entendre sur les postes radio qui nous équipent.

– À tous, évacuation à l'arrière terminée. Tous les passagers ont quitté l'avion. Libérés. Aucun blessé.

Une rafale de Kalach se fait entendre. Relayée par celle du pistolet-mitrailleur. Comme une réponse à la bonne nouvelle captée sur les ondes. De la plate-forme, Bardelloche lâche quelques coups vers le cockpit.

Nous savons qu'une grosse part de notre mission a été remplie. Sauver les passagers et le personnel embarqué. Dès lors, nous allons faire du temps un allié. Nous ne sommes plus dans l'urgence par rapport à l'évacuation des otages. Il en reste deux à sortir sains et saufs de cet enfer. Ils sont les plus mal lotis. Toujours retenus dans la cabine de pilotage. Au contact des terroristes. Sous leur menace directe.

H plus 4 minutes et 50 secondes

Les gars chargés de l'évacuation remontent vers l'avant de l'avion pour nous épauler. Il est toujours aussi délicat pour nous d'utiliser nos armes. Nous ne faisons que répondre aux rafales balancées par les preneurs d'otages en prenant bien soin de viser l'emplacement estimé de ceux-ci. Tenter d'entrer dans le cockpit ferait prendre un risque trop important au pilote et à son mécanicien. Nous devons les forcer à se dévoiler, à bouger dans la cabine de pilotage en intégrant, à la nôtre, l'action des tireurs.

Les échanges de tirs se poursuivent, entrecoupés de courtes trêves. Du groupe de Philippe ayant investi l'avion par la porte arrière droite, Jean-Michel parvient à profiter d'une petite accalmie pour rejoindre par l'intérieur la passerelle avant afin de renforcer Bardelloche et Fabrice qui le voient arriver d'un bon œil.

Depuis la plate-forme, Bardelloche lance une nouvelle grenade aveuglante. Le cockpit s'illumine. De sa position, Fabrice réplique vers le hublot ouvert derrière lequel un terroriste a bougé pour tirer dans leur direction.

Les fusils des tireurs claquent de nouveau depuis l'aérogare. Du haut de la tour de contrôle, nos négociateurs assistent à l'assaut déclenché quelques six minutes plus tôt. Spectateurs passifs. La pire position qui soit pour des hommes du GIGN.

H plus 6 minutes et 55 secondes

Nos deux voix s'unissent. Denis a crié en même temps que moi.

– GRENADE !

Lancée du cockpit, une sphère quadrillée de la taille d'un poing, à la couleur brun sombre, roule en fusant dans l'allée où je me trouve. Le mot hurlé fait s'éjecter sur la passerelle Bardelloche et Fabrice sur le point d'entrer dans l'avion. La grenade finit sa course entre mon emplacement et Thierry. J'amorce un départ vers l'arrière de l'appareil tel un sprinter libéré par le starter. Tous les gars se planquent derrière les rangées de sièges offrant de bien maigres protections. Denis, proche également du projectile, plonge au pied des fauteuils en tentant de s'éloigner au maximum de la grenade.

Un bruit assourdissant envahit la cabine. Associé au souffle et à l'onde de choc propagée, il semble pénétrer l'intérieur de nos corps en nous tordant les tripes. Un insupportable sifflement strident transperce mes oreilles. Et dans cette terrible explosion, une multitude d'éclats métalliques jaillissent dans l'espace réduit. Comme autant de flèches décochées atteignant leurs cibles, quelques-uns se fichent dans les jambes de Fabrice. Thierry, déjà plus que salement touché au début de l'assaut, fait un effort démesuré pour tenter de se tourner sur le côté lorsqu'il prend conscience que la grenade va exploser tout près de lui. Grièvement blessé, il est incapable de se lever. Une centaine de morceaux de fonte pénètrent les muscles de ses jambes et fessiers ainsi que le bas de son dos. L'intense douleur lui arrache un long râle. Puis son corps, comme inanimé, retrouve la position qui était la sienne avant l'explosion. Une fumée d'un gris épais envahit tout l'avant de l'Airbus. Une odeur âcre se mêle à celle de la poudre des munitions tirées. Avec cette grenade lancée par les terroristes, nous franchissons un degré supplémentaire dans l'ambiance de guerre régnant sur ce théâtre des opérations réduit à quelques minuscules mètres carrés.

Je retrouve Denis dans le galley. Sonnés tous les deux par la puissance de la déflagration. La tête résonne et cogne sur les parois du casque au rythme des battements du cœur qui l'irriguent de sang arrivant sous pression dans les carotides. Je ressens un méchant picotement au niveau du mollet gauche. Une gêne plus qu'une douleur. Je n'y attache pas plus d'importance que ça. Autour de nous, dans le brouillard déclenché par la grenade et dans ce compartiment qui nous offre un abri de fortune pour un court répit, je retrouve Jean-François, l'officier qui s'était intégré à mon groupe. Derrière un physique à la Lucky Luke, fin et dynamique, se cache un homme de caractère, volontaire et toujours partant. Philippe est là également. Je l'informe de l'état de Thierry et de l'emplacement où il gît.

– On va s'en occuper, me coupe-t-il. Récupère un peu, poursuit-il voyant que je suis encore un peu sonné, comme un boxeur KO debout à qui l'arbitre autorisera la reprise du combat après un court décompte.

Devant, Tonio, Esbombé, Pascal et Marco ont repris position face au cockpit et mettent la pression sur les terroristes à chaque fois que la Kalach ou l'Uzi se font entendre.

– Jean-François et toi, Pierrot, vous allez récupérer Thierry pour l'emmener jusqu'au toboggan et l'évacuer vers l'extérieur.

Aux consignes de Philippe, je rajoute, avant qu'ils ne se dirigent vers lui, un, qu'ils seront dans l'axe de tir des pirates de l'air et deux, que Thierry semble être très sérieusement atteint.

Je remonte vers l'avant de l'appareil sans me repositionner au même emplacement. Avec ceux qui répondent aux terroristes, nous protégeons, en tirant pratiquement sans discontinuer, Jean-François et Pierrot qui saisissent Thierry par le haut de sa combinaison et le font glisser sur l'étroit couloir vers lequel partent les balles des preneurs d'otages.

H plus 8 minutes

Un tir simultané se fait entendre. Le groupe des tireurs a fait feu une nouvelle fois. Un silence de quelques secondes s'ensuit. La voix de Bouffy nous parvient par l'intermédiaire des radios.

– À tous de Bouffy, nous venons de neutraliser un terroriste.

Un homme, dans le cockpit, s'était effectivement levé, se présentant assez nettement de profil devant le hublot ouvert de la cabine de pilotage. Sa chemise blanche pouvait prêter à confusion. N'était-ce pas en effet le mécanicien-navigant forcé de se révéler par l'un des preneurs d'otages ? Non, les tireurs, très rapidement, l'avaient identifié comme l'un des pirates de l'air pour l'avoir observé plus de quinze heures durant. C'est sûr, c'était bien lui. Deux coups de feu simultanés avaient traversé le soir s'installant. À travers leurs lunettes grossissantes, ils l'avaient vu s'écrouler.

– De Bouffy, nous n'avons jamais eu le quatrième homme visuellement depuis le début de l'assaut. Il ne s'est pas dévoilé.

– OK, c'est reçu. Pour nous, il se tient près de l'entrée. Accroupi voire allongé.

– De Bouffy, nous voyons parfaitement le pilote. Installé sur son siège, il ne semble pas être blessé.

H plus 8 minutes et trente secondes

Nous appliquons toujours des tirs vers l'étroit couloir menant au cockpit afin de couvrir Jean-François et Pierrot qui traînent Thierry sur la moquette de l'allée en direction du toboggan. Jarqui, positionné à cet endroit-là prend le relais pour installer le blessé le plus confortablement possible sur cette pente caoutchoutée jaune orangée. Tout en le retenant, il sort sa grande carcasse de plus d'un mètre quatre-vingt-dix de la carlingue et tend ses bras afin de réduire au minimum la descente que Thierry va devoir effectuer sans pouvoir la contrôler du fait de son état. Il lâche sa prise. Thierry glisse doucement vers le sol où il est réceptionné avec délicatesse par les médecins du Groupe qui s'affairent immédiatement sur lui.

À l'intérieur de l'avion, toutes les armes des gars sont pointées vers le cockpit. Prêtes à faire feu si le ou les terroristes se dévoilent. Deux vies restent encore à sauver. Aussi pressons-nous sur les détentes uniquement pour répliquer aux rafales de la Kalach. Des tirs précis et comptés qui ne peuvent mettre en péril les otages restants.

H plus 9 minutes et 50 secondes

Le brouillard de poudre est retombé depuis quelques secondes. Le pistolet-mitrailleur Uzi s'est tu. Seule la sourde musique de l'arme de guerre soviétique et les coups plus secs de nos munitions résonnent régulièrement dans la carlingue. Soudain, après une très courte accalmie, une deuxième grenade rebondit sur le sol, immédiatement suivie par le jet d'un bâton de dynamite en notre direction. Un cri collectif a fusé comme un avertissement.

– GRENADE !

L'explosion quasi simultanée est terrifiante de bruit. Un souffle puissant parcourt l'avion. Des éclats métalliques se plantent dans le plafond, les parois et les sièges derrière lesquels nous avons plongé. L'odeur âcre de la nitroglycérine se répand en se mêlant à celle de l'explosif contenu dans la grenade. Une fumée noire nous aveugle en limitant nos vues à moins d'un mètre.

Sur la passerelle avant, les quatre gars ont dévalé l'escalier afin de s'abriter des projections de fonte. Quelques secondes s'écoulent durant lesquelles rien ne semble se passer. Nous nous remettons tous en position opérationnelle dans cette purée de pois qui ne diminue pas. On ne peut parler de silence, tant nos oreilles résonnent encore de cette puissante déflagration. Marche après marche, avec prudence, les armes au bout de leur bras tendus, les quatre gars de l'équipe avant remontent vers la porte. Celle-ci lorsqu'ils l'aperçoivent, leur apparaît fermée par un opaque rideau de fumée. Bardelloche en tête du petit groupe, sent comme une présence menaçante sans pour autant la déceler. Il monte une marche supplémentaire, imité par les trois autres, collés à lui.

Tout près de nous, deux coups de feux retentissent. Tellement près qu'ils me semblent avoir été tirés par un des équipiers du GIGN. Si ce n'est que j'ai reconnu le son si particulier de la Kalachnikov. J'ai vraiment l'impression qu'elle n'est plus dans le cockpit. Il nous est impossible de localiser précisément son emplacement dans le nuage sombre de poussières et de fumée dans lequel nous baignons.

H plus 10 minutes et 20 secondes

L'impact puissant que ressent Bardelloche sur son arme le fait tomber à la renverse et il dégringole toutes les marches de la passerelle. Jean-Michel fait feu à trois reprises vers la porte ouverte sur le dense brouillard d'où sont partis les coups. Dans sa chute, Bardelloche a entraîné Pascal et Fabrice qui étaient immédiatement placés dans son dos. Bouffy, par radio, nous fait part de cette scène qui nous a échappé dans sa totalité. Ses tireurs n'ont pas vu le pirate de l'air mais ont pu localiser l'endroit d'où il a tiré en voyant le groupe avant pris sous son feu.

– De Bouffy, le terroriste est au niveau de la porte avant. Il a tiré sur nos gars. Faites gaffe, il doit être tout près de vous.

Nous savons maintenant qu'il est sorti de la cabine de pilotage en profitant de l'opacité ambiante pour venir carrément, fantôme invisible dans la fumée, ajuster et mettre en joue le premier de l'équipe et lui décocher un tir en pleine tête. Le pistolet Glock de Bardelloche, zébrant la nuit d'une étincelle métallique sous l'impact reçu, lui a sauvé la vie. Seule l'extrémité de son index droit, positionné pour presser la détente, est touchée par le fer déformé de son arme dans laquelle s'est bloquée la balle reçue.

Rub, l'un des tireurs d'élite positionnés à même le tarmac, à quatre-vingt mètres de l'appareil, confie alors son fusil à Jo avec lequel il est en binôme. Ayant remarqué, à la suite du tir du preneur d'otages, que le groupe avant se trouve réduit à deux personnes, il se dirige d'initiative en courant au pied de l'avion où il retrouve Jeff qui lui remet un gilet de protection et un casque. Il prend son arme de poing en main avant de grimper rapidement les marches de la passerelle dans le but d'y renforcer les deux équipiers. Il est rejoint dans le même temps par Bardelloche qui vient reprendre sa place après s'être fait poser un bandage sur sa main blessée, unis tous deux par cette volonté d'être au cœur de l'action dans le plus pur esprit qui anime chacun des membres du GIGN.

H plus 11 minutes et 30 secondes

Le terroriste, toujours protégé des vues par la fumée, retourne vers le cockpit depuis l'entrée duquel, tout en reculant, il nous arrose d'une longue rafale de Kalach. Des coups de feu claquent dans sa direction. Nous sommes plusieurs à avoir riposté dans le même temps. Un bruit sourd nous parvient. Nous l'interprétons comme la chute d'un corps. Nos armes sont toujours braquées vers l'étroit couloir qui dessert la cabine de pilotage. Un silence pesant envahit l'avion. Les secondes défilent lentement. Aucune parole n'est échangée. Les regards fixent, en passant par les armes qui prolongent nos bras, l'entrée du cockpit. La radio rompt alors cet hypnotique silence.

– Ils sont morts. Tous les terroristes sont morts.
– Qui parle ? Qui a dit ça ? interroge Philippe.
– C'est Dédé.

C'est un de nos négociateurs qui nous joint depuis la tour de contrôle. Il explique sur les ondes avoir reçu un appel du poste de pilotage.

– Le commandant de bord et le mécanicien sont en vie. C'est le mécano qui nous a donné l'information. À plusieurs reprises, il nous a répété que tous les terroristes sont morts.

Nous prenons cette information comme il se doit. Avec une certaine réserve. Aucune certitude. On peut tout imaginer. Un dernier coup de bluff du terroriste qui aurait imposé au mécanicien-navigant d'adresser ce message à notre intention avant de quitter ce drame par un ultime baroud d'honneur. Finir en guerrier. Nous nous déployons en avançant vers le cockpit, toujours dans cette atmosphère brumeuse.

H plus 12 minutes et 20 secondes

– Les otages ! Sortez les mains sur la tête ! crie Philippe qui se sait doté d'une voix qui porte.

Nos lampes-torches éclairent l'entrée de la cabine de pilotage. À l'intérieur, des bruits de mouvements nous parviennent. De cette porte, qui durant plus de dix minutes fut celle de l'enfer pour qui s'y tenait de part et d'autre, se détache une mince silhouette. Devant nous, l'homme marque un temps d'arrêt. Sa fébrilité est perceptible. En franchissant le seuil de cet accès qu'il pensait être celui de la délivrance, il trouve, face à lui, des libérateurs braquant leurs armes sur sa personne. Il retrouve néanmoins un sourire tremblotant, peu assuré, lorsque Marco lui tape gentiment sur l'épaule.

– Tu peux baisser les bras. C'est fini.

Quelques secondes plus tard, le commandant de bord déplie ses cent quatre-vingt-douze centimètres et franchit à son tour la porte de son poste de pilotage. Tel un capitaine sur un navire en perdition, il est le dernier à quitter son bord, une fois tous ses passagers et son équipage évacués. Il esquisse un très léger sourire. Comme habité par une certaine sérénité. Un soulagement pour lui, sans doute. La satisfaction d'avoir accompli ce qu'il devait faire. Dans un positionnement particulièrement délicat. Acteur engagé dans cette situation de crise où il a subi d'énormes pressions. Bien lourdes pour une seule et même personne. On pourrait croire en le voyant passer devant nous, qu'il quitte son avion après un vol ordinaire qui s'est bien déroulé. Pourtant, il vient de passer cinquante-quatre heures vissé à son siège. Et les quinze dernières minutes furent une véritable tranche de guerre durant laquelle des centaines de balles ont été tirées et se sont abattues dans le poste de pilotage. Le commandant de bord s'engage sur la passerelle et disparaît dans la fraîcheur du soir tombant.

Mon mollet me fait subitement très mal. Comme si, dans le même temps de la disparition de la tension générée par la mission, remontaient à la surface la fatigue et les douleurs accumulées depuis trois jours. Je regarde le bas de ma combinaison. Elle est tachée du sang qui a coulé jusqu'à pénétrer mon ranger gauche. Je n'en dis mot à quiconque, préférant rester encore un peu au milieu de mes copains du Groupe.

– Je vais contrôler le cockpit, dit Philippe.

Régis et l'Écureuil l'accompagnent. Ils disparaissent prudemment dans la cabine de pilotage, leurs pistolets toujours pointés vers l'avant. Pour pallier toute mauvaise surprise. Ils enjambent le corps du terroriste nous ayant le plus résisté. Il est tombé les armes à la main semblant, dans son ultime sommeil, ne pas vouloir se démunir de sa Kalachnikov AK 47 et ses chargeurs jumelés qui ont provoqué tant de dégâts parmi les nôtres. Près de lui, un second chargeur plein. Jonchant le sol près des trois autres cadavres, le pistolet-mitrailleur Uzi ainsi que deux magasins chargés de cartouches et deux pistolets automatiques de calibre 9 mm, l'un russe de marque Makarov, le deuxième étant un HK. Posés sur une étroite tablette fixée sur la cloison séparant le poste de pilotage des toilettes, deux grenades soviétiques à fragmentation dont les goupilles sont en position d'arrachage rapide. Tout près, des blocs de piles et de fils électriques ainsi que trois morceaux de cordeau détonant et un de mèche lente.

Lors d'une fouille ultérieure et approfondie de la part des services de déminage, il sera découvert un colis d'environ un kilo, composé de plusieurs bâtons de dynamite entourés de cordeau détonant unis par des bandes adhésives blanches et munis de trois dispositifs de mise à feu. Ainsi qu'un paquet constitué d'un emballage en polystyrène, retrouvé sur un siège du compartiment de première classe et fixé par une ceinture de sécurité. Il s'agissait en fait, pour ce dernier, d'un leurre destiné à effrayer les passagers.

Philippe, Régis et l'Écureuil sortent du cockpit en rengainant leurs pistolets.

– Ils sont tous morts, nous informent-ils.

Tel que cela s'est déroulé, ils ne nous ont pas donné le choix. Nous n'avions pas d'autre option pour mener à bien cette libération d'otages face à ces quatre terroristes puissamment armés et déterminés à aller au bout du combat dans lequel ils s'étaient engagés quelques trois jours plus tôt.

Toutes nos armes de poing retrouvent leurs étuis en cordura noir. Avant de quitter l'appareil, nous regardons, impressionnés, tous les dégâts occasionnés à l'avant de l'avion dans l'affrontement auquel nous avons pris part. Le sol est éventré par endroits, précisément où les grenades et la dynamite ont explosé. Le sang de Thierry a taché la moquette, là où il gisait. Les cloisons du cockpit sont trouées comme des passoires et laissent passer de très fins rais de lumière. Les dossiers des premiers rangs de sièges sont déchirés et leurs plaies font apparaître de la fibre et de la mousse mêlées. Je me dirige vers le poste de pilotage. Il est détruit, criblé d'impacts. J'ai l'explication pour laquelle je viens d'y entrer. Malgré les tirs précis que nous nous étions efforcés d'appliquer, il était impossible que nos balles parviennent à franchir les coffres métalliques, d'une cinquantaine de centimètres d'épaisseur, remplis d'équipements de bord derrière lesquels s'était planqué le dernier terroriste.

– Il nous aurait fallu un lance-roquette, dis-je en m'adressant à Denis qui m'a suivi.

Il veut aussi saisir pourquoi ils furent si difficiles à neutraliser outre le fait qu'ils détenaient encore deux otages, ce qui ne simplifiait pas notre intervention. Je jette un œil rapide sur les cadavres. Indifférent. Car je ne peux respecter l'action dans laquelle ils étaient engagés. Pour moi, ce serait tenter de comprendre l'incompréhensible. Aucune cause ne peut justifier que l'on s'aventure dans la voie du terrorisme. Que l'on s'en prenne à d'innocentes victimes pour se faire entendre.

VI

Lundi 26 décembre – 17h26 – Aéroport de Marignane

H plus 16 minutes

Nous quittons l'Airbus par la passerelle située à l'avant droit de celui-ci. Vingt équipiers forment un cercle sur la piste. Les casques et les cagoules sont retirés, dévoilant nos visages imprimés des masques de fatigue. On se regarde de la même manière qu'on a l'habitude de le faire après une séance d'entraînement sur avion. Un entraînement qui aurait été particulièrement difficile. Très engagé. Éprouvant. D'où nous sortons tous laminés. Exténués. Vidés. Mais très vite, la réalité nous rattrape. Ce n'était pas un exercice. Mais bel et bien une intervention. Un quart d'heure de guerre. Intense et dense.

Marco, l'un des très rares fumeurs du GIGN, sort un paquet de cigarettes de sa poche duquel il en extrait une en la portant directement à ses lèvres. Plusieurs mains se tendent avant même qu'il n'ait le temps de le ranger. Ses quatre dernières cigarettes sont adoptées. Il écrase le paquet dans sa paume et y conserve cette boulette de carton qu'il triture durant quelques secondes. De son briquet, il allume celles qu'il a distribuées avant de terminer par la sienne. Deux-trois taffes sont tirées sur chacune d'elles. Puis les clopes passent de mains en mains et tournent au sein du groupe. Un peu comme un calumet dans un cercle d'indiens réunis dans la douce chaleur d'un tipi. La nuit est maintenant installée. Au pied de la passerelle, de minuscules points rouges incandescents éclairent nos visages marqués. Dans le silence qui nous unit, seul le crépitement du tabac qui se consume, grésille en libérant son odeur, immédiatement chassée par le petit mistral. La fumée inhalée est recrachée, alourdie par une partie du stress que tous, à travers ces gestes inhabituels, cherchent à évacuer.

– Je croyais que personne ne fumait parmi vous, ironise amicalement Marco avant de poursuivre en plaisantant. À partir d'aujourd'hui, je ne veux plus une réflexion de votre part à ce sujet.

Il est vrai qu'on lui a mené une vraie guerre contre son tabac au point qu'il parvienne à diminuer très nettement sa consommation. Mais là, le fait d'avoir mené à son terme une délicate intervention et de prendre conscience d'avoir frisé la correctionnelle, oui là, les bouffées de cigarettes ont pour nous un goût différent. Je peux presque dire agréable.

– Qui est-ce qu'il manque ? interroge Philippe.

Après cette hypnotique pause cigarettes, sa question nous ramène à la réalité.

– Et Thierry ? s'enquiert Jarqui. Comment il va ?

De ceux qui sont présents, personne ne peut répondre à sa question qui reste en suspens dans le soir.

– Qui manque-t-il encore ? renouvelle Philippe.

Nous faisons le point au travers des prénoms et surnoms de ceux qui ne sont pas parmi nous.

– Tous ceux du groupe avant, répond Denis d'une voix peu élevée comme si, en le constatant, il réalisait être le seul à n'avoir pas été blessé et donc avoir été le plus chanceux de cette équipe.

Puis il égrène un par un ceux qui avaient embarqué sur la passerelle à ses côtés.

– Thierry mais aussi Puce, Arlé, Bardelloche, Olivier, Fabrice et P'tit Bourrin.
– Karl et Bull ont été touchés dans mon groupe, j'enchaîne en rajoutant mon binôme de tête à sa liste.
– On va se diriger vers l'aérogare. Comme ça, on aura des nouvelles.

En boitant, je tente de suivre le rythme du groupe qui se dirige vers le long bâtiment. Derrière les baies vitrées du rez-de-chaussée, on devine une importante animation au travers de mouvements de nombreuses personnes présentes dans les pièces éclairées.

– Oh Roland, t'es blessé ? me demande Régis en me voyant tirer la patte.
– Oui, mais ce ne doit pas être bien grave. C'est le mollet qui a du prendre un éclat quand la première grenade a explosé.

Il m'attend et me propose de m'appuyer sur son épaule pour soulager ma jambe blessée. Ce que je fais volontiers. Mes muscles jumeaux gauches sont durs comme du béton et me font plus souffrir que je n'ose l'avouer.

Dans l'aérogare, des collègues de la Gendarmerie des transports aériens nous dirigent vers une salle dans laquelle nous retrouvons tout le personnel du GIGN ayant participé à l'intervention. Hormis quelques blessés dont Thierry, le plus grièvement atteint, qui a déjà été évacué vers l'hôpital de La Timone à Marseille. Arlé, Puce, Olivier, Karl et Bull ont également embarqué dans des véhicules sanitaires qui font route vers le centre hospitalier. Bardelloche, Fabrice et P'tit Bourrin, plus légèrement touchés, sont là à nous attendre, entourés du groupe des tireurs d'élite au complet et de l'équipe des négociateurs. Le personnel de l'EPIGN est également présent après avoir œuvré sous l'avion, dans des conditions particulièrement difficiles, à l'identification et à l'évacuation des otages.

On me fait allonger sur un brancard de toile dans un angle de la pièce afin qu'un médecin vienne constater la gravité de ma blessure et établir son diagnostic.

– C'est profond, dit-il après avoir nettoyé la plaie.

Et de rajouter à la suite de quelques palpations appuyées qui me font réagir sous la douleur déclenchée par ses doigts qu'il appuie fortement sur le mollet.

– Je sens un corps étranger retenu dans les chairs. La balle n'est pas ressortie. Il...

– Ce n'est pas une balle, c'est un éclat de grenade, dis-je en lui coupant la parole.

De nouveau, il désinfecte le trou creusé par le morceau de métal. Du sang s'écoule, libéré de la croûte séchée qui s'était formée et obstruait l'entrée du projectile. Il plaque un épais tampon de gaze qu'il compresse fortement et l'emprisonne dans une bande stérile dont il entoure mon mollet.

– Je vais vous faire évacuer sur l'hôpital de Marseille. Ça nécessite une intervention au bloc pour retirer l'éclat.

– Non, non, je n'irai pas à l'hosto ici.

– Comment ça, non ? Vous devez aller à l'hôpital et vous n'avez pas à discuter ma décision.

Je sens une sourde colère poindre en moi. J'ai envie de l'attraper par le col pour amener son visage tout contre le mien et lui répéter sans élever la voix, dans un ton empreint de calme et de sérénité, que je refuse d'être hospitalisé ici. Je n'en fais rien mais ma voix exprime l'irrévocabilité de ma décision dans un tutoiement des plus fermes.

– Écoute-moi bien mon pote ! T'es toubib et t'es là pour me soigner. Très bien. Je te dis que ma blessure n'est pas trop grave. Aussi, je vais rentrer à Versailles avec les autres et je m'occuperai de ça là-bas. Avec ce qui vient de se passer, c'est pas toi qui va me dire ce que je dois faire. T'es mal barré pour me donner des ordres. OK ?

Je ne lui laisse même pas le temps de me répondre et me lève du brancard en soutenant son regard interloqué. Sans doute n'a-t-il pas l'habitude que l'on remette en cause ses diagnostics. Surtout de cette manière. Sans prononcer le moindre mot, il me voit m'éloigner de lui sans me retourner, en traînant la jambe pour rejoindre tous mes amis du GIGN.

Pour moi, la mission a pris fin. Nous avons été informés qu'aucun des passagers, hôtesses et stewards n'a été blessé par balles. Le copilote, en chutant du cockpit pour s'échapper, s'est fracturé le fémur et cassé le poignet. Quant au commandant de bord, il a été touché au niveau de son coude droit par une balle qui a ricoché dans le poste de pilotage, mais sa blessure est superficielle. Les seuls blessés sérieux, au nombre de dix, sont à déplorer dans nos rangs. Ce bilan est, pour moi, plus que positif. J'éprouve la sensation du devoir accompli. Aussi n'ai-je qu'une envie, que pas même un médecin ne pourra m'empêcher d'atteindre. Celle de rentrer chez moi pour y retrouver mon épouse et mon fils de trois mois et parvenir à rassurer mes parents.

Devant moi passe un colonel de gendarmerie. Je l'arrête et pointe du doigt ce qu'il tient dans sa main droite.

– Merci de me le prêter, lui dis-je, là encore usant d'un ton et d'une formule face à laquelle il ne peut qu'obtempérer à ma requête.

D'une façon sympathique, il me tend alors son téléphone mobile et je m'empresse d'y pianoter le numéro de mon domicile. À la deuxième sonnerie, elle décroche.

– Salut Fanfan, c'est moi.

Je la rassure avant qu'elle me demande si ça va. Que j'ai une petite blessure au mollet qui ne m'empêchera pas de la retrouver cette nuit. Que tout va bien. Elle m'apprend que l'assaut sur l'Airbus a été filmé et diffusé en direct. Qu'elle a eu très peur au vu des images impressionnantes. Et encore plus peur lorsqu'un journaliste a avancé le chiffre de douze à quinze morts parmi le personnel du GIGN et celui de l'équipage. Il a d'ailleurs annoncé que le pilote avait été abattu. Ce à quoi, je lui réponds que seuls les terroristes sont morts et que le commandant de bord est bien vivant. J'espère que sa propre famille n'a pas vu ce reportage. Je dis alors à Fanfan de contacter les épouses de quelques gars et qu'elles relaient l'information qu'aucun d'entre nous n'a perdu la vie lors de l'intervention. Puis je lui demande comment va Romain. Il a bien mangé ce soir et maintenant il dort, me dit-elle. Je la charge de lui faire un bisou de ma part et je l'embrasse en lui donnant rendez-vous dans la nuit. Je compose le numéro de mes parents. Ils ont également regardé le reportage en direct. Impressionnés et inquiets. Ils sont heureux de m'entendre. Je les rassure sans évoquer ma blessure. Ils ont eu leur compte d'émotion.

Ce n'est pas la peine d'en rajouter. Je presse la touche « No » sur le téléphone et le tends à son propriétaire.

– Merci, mon colonel. Très sympa à vous.

Je retrouve tous mes copains affairés autour des plateaux de gâteaux posés sur deux ou trois tables. Sur celles-ci quelques bouteilles d'eau et de jus de fruits, des gobelets en plastique. Sur le coin d'une table, une trentaine de coupes sont garnies de champagne. Et autour, des voix qui me sont familières libèrent par la parole le stress accumulé au cours des dernières heures. Il est, pour nous, important de verbaliser de tels événements. Afin que ceux-ci ne pèsent pas trop en demeurant enfouis au plus profond de nous. Je me mêle aux conversations en m'installant près de Philippe. Je n'ai soif que d'eau. Et les gâteaux vont être les victimes de ma gourmandise réputée au sein du Groupe.

– Hé, Jarqui ! T'entendais pas quand je gueulais pour que tu te baisses un peu, que tu t'accroupisses pour faire sortir les otages ?
– Non, j'ai rien capté de tout ça, répond-il à Marco.
– Parce que ça rafalait dur devant. Et toi, t'étais debout. Même pas peur !
– Il risquait rien, se mêle Régis à l'échange, c'est vrai qu'il est grand, mais il est tellement mince que les balles ne risquaient pas de l'atteindre.

C'est bon d'entendre les gars se chambrer ainsi. Éric raconte la sortie des otages à la porte dont il avait la charge.

– T'aurais vu ça. Le bond qu'a fait le premier qui a sauté. Il n'a pas touché le toboggan sur toute la première moitié. Après, il a rebondi. J'ai cru qu'il allait être éjecté sur le côté. Puis non. D'autres, à la réception sur le bitume de la piste se sont vautrés et ont pris le suivant dans le dos. Ils ne manquaient pas de motivation pour quitter le zinc. Ça aurait valu le coup de les filmer.

– Tu crois pas si bien dire. J'ai eu ma femme au téléphone et elle m'a dit que l'assaut a été diffusé en direct à la télé. Il paraît que ça a été filmé comme en plein jour. T'auras l'occasion de les voir tes passagers sautant sur le toboggan.

– Hé, les gars ! Regardez mon pistolet !

Bardelloche montre l'arme qui lui a sauvé la vie. À l'instant où il a été mis en joue par le terroriste depuis l'avion, c'est elle en effet qui a pris la balle tirée par ce dernier, l'avalant littéralement.

– Ça alors ! Je n'avais même pas fait gaffe. La balle du terroriste a épousé le canon de mon arme. Et elle est restée coincée dedans, prisonnière de mon flingue. C'est fou ça, non ?

Il continue d'ausculter son pistolet sous toutes les coutures et semble seulement prendre conscience d'être un miraculé. Puis après quelques secondes au bout desquelles il reprend ses esprits, il remplit un gobelet de jus d'orange qu'il lève et met à la bouche comme pour un toast qu'il porterait à son arme.

Bardelloche la repose au milieu du matériel, abîmé lors de l'assaut, où elle retrouve des gilets pare-balles déchirés par les balles reçues, des casques révélant divers impacts et d'autres armes touchées dont le Manhurin de Thierry. Tous ces équipements nous renvoient en mémoire la violence de l'affrontement.

Marco a du taxer un paquet de cigarettes à un fumeur croisé dans l'aérogare. Il nous le présente pour qu'on y pioche une tige.

– Ben alors, les amis, il me semble que ça vous avait pourtant plu de fumer au pied de l'avion tout à l'heure. Je pensais que vous étiez devenus accros, nous nargue-t-il face au refus qu'il essuie de notre part.

Il place une cigarette à ses lèvres et reçoit un véritable tollé par tous.

– Dehors ! Va fumer dehors !
– Oh les gars, quelle intolérance ! plaisante-t-il. Vous avez vraiment la mémoire courte. Dorénavant, il n'y aura plus de distribution lors du prochain détournement d'avion. Tenez-vous le pour dit !
– Garde tes clopes ! Nous, on espère surtout qu'il n'y aura pas d'intervention sur un zinc de sitôt.

J'ai mangé suffisamment de gâteaux pour m'autoriser une coupe de champagne. Je trinque avec Philippe.

– Aux blessés ! En souhaitant qu'ils s'en sortent au mieux et le plus rapidement possible.

– Au Groupe ! Pour Thierry, j'éprouve une vraie crainte. Il était tout près de moi et je l'observais de temps en temps. Il a perdu beaucoup de sang et était salement touché. Il avait l'air si mal.

Je lui raconte ce que j'ai fait et vu durant l'assaut. Du moins, durant les quatre premières minutes, celles pendant lesquelles il était occupé à faire évacuer les otages.

– Quand il m'a rejoint, je ne m'y attendais pas. Je ne pensais pas le voir là, à mes côtés. J'ai été agréablement surpris. Tellement surpris que je lui ai dit : « Ben merde alors ! Toi, t'es un bon ! ». Avec la pression qu'il avait sur les épaules, moi je dis : Chapeau ! Quand il s'est pointé là, j'ai tout de suite pensé à Prouteau. Je me suis dit qu'ils étaient de la même trempe. Les deux seuls patrons, dans l'action, à être devant avec leurs hommes.

Le « il » que j'évoque est Denis, le commandant du GIGN. Je l'ai accompagné trois jours durant et pu l'observer dans la gestion de l'événement auprès des responsables politiques et des différentes autorités. Il a vraiment été à la hauteur. Et dans l'assaut, il était encore présent parmi nous. Alors que rien n'imposait qu'il y soit. Il a réellement la stature d'un vrai patron. Un chef que l'on a envie de suivre.

Un gendarme des transports aériens vient nous féliciter. Il nous avoue avoir été très inquiet, quelques minutes après le début de l'assaut, lorsqu'il a assisté à la mise en place, dans un des halls de l'aérogare, de trente cercueils.

– Les autorités avaient établi une estimation plutôt pessimiste, me dit Philippe. Visiblement, ils avaient prévu de la casse.

– Ça nous renvoie à la discussion qu'on a eue ce matin juste après notre dernier entraînement. Tu te souviens ? lui dis-je et, sans attendre sa réponse, je poursuis. Apparemment, personne n'avait imaginé qu'une intervention pareille se solderait par un tel bilan.

– C'est bon d'avoir réussi ce qui paraissait comme une mission impossible et de n'avoir à déplorer aucun mort, ni parmi les otages ni parmi nos gars.

– Du coup, les autorités en seront quittes pour récupérer leurs cercueils vides.

Lundi 26 décembre – 23 heures – Aéroport de Marignane

Il est un peu plus de 23 heures lorsque François Léotard, ministre de la Défense, fait son entrée dans la salle. Après un aparté avec Denis, il salue chacun d'entre nous d'une poignée de main assortie d'un mot gentil. Il nous indique qu'il arrive tout droit de Sarajevo et a tenu à faire ce crochet par Marseille pour nous féliciter et nous remercier de l'action menée. Par quelques mots choisis, il insiste sur le bilan de notre intervention. C'est, à sa connaissance, la première fois dans l'histoire de la piraterie aérienne qu'il n'est à déplorer aucune perte humaine tant chez les otages que parmi les forces de l'ordre. Il se dit fier d'occuper la fonction qui est la sienne, en sachant pouvoir compter sur des hommes comme nous. Puis il évoque nos blessés dont il compte suivre au plus près les soins qui leur seront prodigués et l'évolution de leur rétablissement afin, au plus tôt, de les faire rapatrier en région parisienne pour qu'ils soient hospitalisés près de leurs proches. Et je veillerai, rajoute-t-il, qu'ils soient regroupés dans un même service. Je sais les liens qui vous unissent et la véritable famille que vous avez créée grâce à eux.

– Assez parlé, conclut-il. Maintenant, c'est moi qui me mets à votre écoute. Ah si, un dernier mot. Sachez que tous ceux qui ont participé à l'intervention seront reçus à l'Élysée par le Président de la République, demain matin à 9 heures. Pour ce qui est du retour sur Paris, je mets mon avion à votre disposition. Messieurs, dit-il en se saisissant d'une coupe de champagne, au succès de cette impressionnante opération.

Puis d'un geste de la main, il nous invite à prendre un verre afin qu'il puisse trinquer avec chacun de nous. Il est souriant, détendu. Les échanges qu'il a avec tous sont amicaux. On perçoit, à cet instant précis, une réelle et sincère proximité. Nous sommes tous, lui comme nous, libérés de l'incroyable tension née il y a près de trois jours au fil desquels elle n'a fait que croître pour atteindre son paroxysme en toute fin d'après-midi. La pression, complètement retombée, et une deuxième coupe de champagne ont tôt fait de me faire ressentir le poids terrible de la fatigue.

C'est supporté par Fred et Marcel que je rejoins, au milieu des gars du GIGN, l'avion mis à notre disposition par Air France pour regagner la région parisienne. Mon mollet a méchamment enflé. Il me vaut d'être confortablement installé sur un des sièges de la première classe située à l'avant de l'appareil. Une infirmière vient me placer une perfusion. Le ministre de la Défense a embarqué parmi nous. Quelques passagers de l'Airbus détourné ont également pris place dans les rangées. Une grande majorité des ex-otages a préféré passer une nuit récupératrice dans une chambre d'hôtel à Marseille. Pour ce qui est de l'avion, il est vrai qu'ils ont eu leur compte.

Un jeune steward, une barbe de trois jours encadrant une mine fatiguée, se porte à ma hauteur et me serre la main. Puis il me fait la bise en égrenant une succession de merci. Le seul mot qu'il paraît en mesure de prononcer tant je perçois d'émotion dans le timbre de sa voix. Ne comprenant pas vraiment, je lui demande pourquoi il me couvre de tant de remerciements.

– J'ai vu tous vos amis et leur ai également dit merci. Mais vous, vous êtes blessé et en intervenant, vous m'avez... vous m'avez sauvé la vie. Les... les terroristes...

Il se met à sangloter et a du mal à libérer les mots qu'il me destine. Je lui tapote le bras d'un geste qui se veut amical et rassurant. Il parvient à reprendre.

– Les terroristes m'avaient désigné pour... pour m'exécuter à 17 h 30. Je devais être le... le...

Il ne peut finir sa phrase. Il pleure sans parvenir à s'arrêter. Je comprends qu'il aurait du être le quatrième otage abattu. Tout s'est joué à un quart d'heure près. Son récit et son attitude me touchent. Sa gratitude me va droit au cœur. Je suis à mon tour submergé par l'émotion. Je ne tente même pas d'arrêter mes larmes. Entre deux sanglots, ses derniers mots me parviennent.

– C'est grâce à vous... grâce à vous que je... que je suis vivant. Merci, merci... Merci.

Je le vois repartir vers l'arrière. Je ferme les yeux. Ma gorge est nouée. Si serrée que, même si je le devais, je ne parviendrais pas à émettre le moindre son. La profonde fatigue me fait glisser dans mon sommeil avant même que l'avion ne décolle.

Je me réveille sous les secousses répétées de Pascal qui m'indique que l'on a atterri à Orly. Je n'ai rien vu, rien entendu de l'heure et demie de vol. Une parenthèse sans rêve. Un peu comme un coma. Il m'aide à me lever, ma jambe me fait souffrir. Elle est raide comme du bois. Bardelloche nous rejoint et je prends appui sur eux pour pouvoir rejoindre, après avoir descendu la passerelle avec difficulté, le pavillon d'honneur. Au bout du couloir, deux portes battantes s'ouvrent sur une salle pleine de plus d'une centaine de personnes qui nous réservent un accueil digne des plus grandes stars. Une véritable ovation. Des applaudissements nourris. Des cris de remerciement. Des bravos hurlés. Des youyous qui résonnent de la part des femmes algériennes dont des membres de la famille étaient otages. Des mains qui se tendent pour serrer les nôtres. Ce public qui pousse pour venir nous toucher, nous embrasser. Jamais après une intervention nous n'avions reçu un tel accueil. Nos retours se faisaient discrètement, anonymement. Aujourd'hui encore, nous pensions rentrer entre nous, juste habités par le sentiment du devoir accompli. Les images filmées passées en boucle sur les télévisions, nous ont mis sous les feux de l'actualité et l'impact médiatique a été tel qu'il a fait déplacer nombre de personnes, en pleine nuit, venues pour nous témoigner leur gratitude. Je suis très ému. Ma vue se voile. J'appuie mon visage sur mon bras replié posé sur l'épaule de Pascal pour contenir les larmes qui noient mes yeux. Bardelloche me soutient de l'autre côté.

En sortant du pavillon, deux grandes inspirations prises dans le froid de l'extérieur me font retrouver mes esprits. Des flashes crépitent dans le noir. Des photographes, des caméramans et des journalistes maintenus derrière un cordon tendu par des policiers, nous interpellent pour obtenir une belle image ou une déclaration devant leurs micros. Denis se chargera de communiquer à la presse aux côtés du ministre de la Défense et entouré de ses deux officiers.

On s'engouffre dans nos véhicules d'intervention qui nous attendent. Un petit cortège de CX breaks s'enfonce dans la nuit à toute vitesse. Il est deux heures passées de dix minutes lorsque nous arrivons à Satory.

– Roland, tu veux qu'on t'amène en passant à l'hôpital Dominique Larrey pour qu'ils voient ta jambe ?
– Non, j'irai à l'hosto demain. Et qui plus est, après l'Élysée. Déposez-moi en bas de chez moi. Ce n'est pas la peine que j'aille jusqu'à la caserne.

Je n'ai qu'une hâte, retrouver celle que j'aime. Mon épouse. Qui a du, elle aussi, subir une drôle d'épreuve en assistant devant son poste à notre intervention. Je suis impatient mais la douleur que je ressens au niveau de mon mollet m'impose d'attendre l'ascenseur. Derrière la porte, je la prends dans mes bras et nous nous embrassons longuement. Ses yeux sont rougis par les larmes qu'elle a du verser en attendant mon retour. Mais elle sourit, heureuse de me retrouver. Elle s'écarte un peu pour me regarder des pieds à la tête. Au niveau des jambes, ma combinaison est pleine de sang séché. Je la rassure.

– T'inquiète pas, tous les morceaux sont là !

Elle rit en m'entraînant vers le canapé où je lui raconte l'intervention.

Pendant ce temps-là, dans une des salles d'instruction de la caserne Pasquier, tous ceux qui sont rentrés avec moi de cette opération visionnent le film qu'ils découvrent et commentent à voix haute, chacun y allant de son explication.

Une petite poignée d'heures de sommeil. Une nuit courte. Dans la continuité de celles qui l'ont précédée. Et pourtant tellement différente. Dans la chaleur de nos foyers. Dans nos familles retrouvées. Près de l'être aimé. Sans plus aucune pression. Un sommeil profond dont on émerge sans le moindre souvenir de rêves. Mais surtout sans cauchemars.

VII

Mardi 27 décembre – 8 heures – Versailles-Satory

Il est 8 heures du matin lorsque le cortège de CX bleues, gyrophares flashant l'aube du jour, s'ébroue de nouveau pour filer au cœur de la capitale. Nous empruntons l'A86 qui nous mène vers Vélizy-Villacoublay. Quatre-vingt-quatorze heures après notre départ pour ce qui est à ce jour la plus grosse intervention du GIGN. Ce matin, nous ne bifurquons pas en direction de la base aérienne mais nous plongeons dans les virages de Meudon qui nous conduisent sur les bords de la Seine dont nous empruntons les chaussées qui la longent. Plus loin, il y aura la voie Georges Pompidou. Puis le passage sous quelques-uns des plus beaux ponts de Paris. Le pont Mirabeau cher à Guillaume Apollinaire, et ses vers qui me reviennent immédiatement en mémoire : *Sous le pont Mirabeau coule la Seine / Et nos amours / Faut-il qu'il m'en souvienne / La joie venait toujours après la peine...* Ensuite, viendra la statue de la Liberté au bord du pont de Grenelle qui relie l'architecture ronde de la maison de la radio aux quelques hauts bâtiments, groupés autour de l'hôtel Nikko, dressés vers un ciel gris argent.

Il y a plusieurs années, Henri Verneuil y tournait les dernières scènes de son film « Peur sur la ville » dans lequel apparaissaient, aux côtés de Jean-Paul Belmondo, trois membres du GIGN, Étienne, Pierrot et Christian. Ils descendaient en rappel depuis un hélicoptère pour atteindre le toit du plus haut des bâtiments et se laissaient glisser, utilisant la même technique, le long des parois avant de pénétrer dans un appartement. Après en avoir percuté l'une des baies vitrées avec leur pieds en avant pour, une fois dans la pièce, dégainer leurs armes dans la seconde et interpeller l'acteur jouant un dangereux criminel.

Nos véhicules, pratiquement à touche-touche se fraient un passage au milieu du flot de voitures et filent sous le pont Bir-Hakeim et son métro aérien passant sur une structure métallique croisée due à Eiffel. Puis viendront le pont d'Iéna, celui de l'Alma et de son Zouave pour quitter les berges en remontant vers celui des Invalides. Face au magnifique pont Alexandre III, notre cortège quittera la Seine pour s'engager entre le grand et le petit palais et leurs immense vérandas de verre en guise de toits.

Mardi 27 décembre – 9 heures – Palais de l'Elysée

C'est la première fois que des membres du GIGN sont reçus par le plus haut personnage de l'État afin d'y recevoir l'hommage de la nation. Il y a pourtant plus de vingt et un ans que l'unité existe et a, durant toutes ces années, mené à bien de nombreuses interventions délicates.

Au lendemain de la prise d'otages lors des Jeux olympiques de 1972 à Munich, et de l'issue dramatique de cet événement, un jeune lieutenant de Gendarmerie, choqué par les images télévisées et le traitement de cette affaire, s'interroge sur ce qu'il faudrait faire afin de ne plus assister à un tel épilogue. Christian Prouteau va dès lors, chaque jour, présenter et défendre le projet de création d'une unité d'intervention auprès de la direction de la Gendarmerie. Mais il n'est pas aisé d'imposer une idée trop innovante dans une institution s'appuyant sur une aussi forte et ancienne tradition. Mais il ne lâchera rien face au tiède accueil qu'il reçoit systématiquement. Il visitera tous les services pour y rencontrer les différents interlocuteurs qu'on lui présente. Il ne se lassera pas de renouveler les explications, de présenter à chaque fois le projet qui lui tient tant à cœur. Et remettra cent fois l'ouvrage sur le métier. Lorsque les portes se fermeront, il en fera le siège jusqu'à ce qu'elles s'ouvrent. Quand ce ne sera pas le cas, il passera par les fenêtres. Pour, au bout du compte, faire aboutir son idée. Durant cette période cruciale, il aura démontré toutes les qualités qui feront de lui un patron hors pair. Un caractère bien trempé doté d'une incroyable ténacité et un talent de persuasion qui révéleront, à l'époque, le brillant négociateur qui, par ses capacités, parviendra à résoudre de nombreuses interventions délicates sans utiliser ni la force ni les armes. Le GIGN est créé et, aujourd'hui allant vers les honneurs que ce groupe mérite, j'ai très envie de remercier Christian Prouteau, celui sans qui je n'aurais pas pu m'exprimer au sein de cette unité. Celui sans qui, aujourd'hui, cent soixante-treize personnes n'auraient jamais été libérées d'une situation aussi dramatique que celle qui fut la leur durant ces derniers jours.

En tenue d'intervention, revolvers et pistolets apparents à la ceinture, ce qui est une première en un tel lieu, nous franchissons la majestueuse grille d'entrée pour fouler les ronds gravillons blancs de la cour d'honneur de l'Élysée qui ont crissé sous les pas de tous les grands de ce monde. En haut des marches du perron, nous sommes dirigés vers le salon Murat et entrons sous les ors de la République. Il n'en est pas un parmi nous qui ne soit pas subjugué par le faste qui nous entoure. Tant par la richesse du décor des murs et plafonds, le luxueux mobilier, les impressionnants tableaux, la taille des lustres et des tapisseries que par le cérémonial qui entoure notre réception. Un protocole qui ne laisse aucune part à l'improvisation. Les hautes autorités de la Gendarmerie sont déjà présentes lorsque l'on tente de nous faire aligner le long du plus grand côté de la pièce. Durant cette mise en place, arrive le ministre de la Défense puis, quelques courtes minutes plus tard, un huissier de grande taille vêtu d'une queue-de-pie noire sur laquelle pend un long collier à gros anneaux argentés au bout desquels est accrochée comme une grosse médaille ronde légèrement concave. Par des « Chut ! Chut ! » qu'il répète régulièrement, il demande à l'assistance, dont nous sommes, de faire silence.

– C'est le sommelier, chuchote Bardelloche en l'apercevant.

– Déconne pas ! C'est pas le moment de déclencher un fou rire.

– Si, si, je te dis, c'est le sommelier. Regarde, il a son taste-vin accroché autour du cou.

Les sourires éclairent les visages des plus proches qui ont entendu la plaisanterie de Bardelloche. La voix ferme de l'homme au collier emplit la salle, faisant définitivement taire les derniers chuchotements.

– Monsieur le Président de la République française !

François Mitterrand fait son entrée parmi nous. Tous les regards sont tournés vers cet homme au port et à la démarche droits qui se dirige derrière le micro installé légèrement sur notre gauche. Son teint est assez pâle et son visage, un peu marqué, révèle le combat qu'il a engagé depuis quelques temps face à la maladie. Sans aucune note, il prend la parole et se lance dans un discours qu'il engage à notre attention.

– *Messieurs, je tenais, en présence de monsieur le ministre de la Défense, à vous recevoir dès ce matin pour bien marquer la gratitude que doit la Nation à son armée et particulièrement aux troupes de la gendarmerie et au GIGN qui ont été au cœur de l'action.*

Vous imaginez combien vous étiez porteur d'espoir, combien dépendaient de vous les conclusions qu'en aurait tiré la France. Il vous a fallu beaucoup de courage. Cela ne m'a pas étonné ; je vous connais depuis longtemps et j'ai fait appel au GIGN à tous moments et les conditions particulièrement périlleuses, l'extraordinaire difficulté de la tâche par l'obligation où vous vous êtes trouvés d'agir rapidement, en ayant tout juste le temps d'examiner les conditions de votre action, ont montré une détermination qui ne m'a pas étonné et qui devait être soulignée comme je le fais ce matin.

La Nation vous doit beaucoup. Vous êtes le plus souvent à la peine. Laissez-moi vous dire la joie que j'ai de vous dire que vraiment vous êtes aujourd'hui à l'honneur ; non sans mal, sans peine et sans douleur : plusieurs de vos camarades ont été blessés, certains grièvement. Deux des blessés sont parmi nous, les autres n'ont pu venir. Vous leur direz, vous qui les commandez, ma reconnaissance. Nous avons eu là l'exemple type de ce que peut une troupe d'élite dès lors qu'elle est formée à cet effet, qu'elle se soumet d'elle-même à une stricte discipline, qu'elle s'oblige à un entraînement de tous les instants. Vous êtes à la disposition du pays au risque de vos propres vies. Je peux dire que ce qui s'est passé hier a illustré mes propos plus que je ne saurais l'imaginer et j'éprouve un sentiment particulier d'émotion et de reconnaissance à l'égard d'un groupe qui se trouve presque toujours au cœur de l'action, et qui à cause de cela se trouve parfois contesté, discuté, alors que la preuve est faite que les méthodes et l'esprit qui l'animent sont au plus haut niveau de la Nation.

Je remercierai naturellement les chefs mais je remercierai de la même façon chaque homme, chacun d'entre vous, chacun de ceux qui prennent part à cette action difficile et dangereuse, non seulement hier mais encore les jours obscurs, les jours où il ne se passe rien, où l'on doit s'entretenir l'âme et l'énergie, dans l'espoir d'être utile le jour venu. C'est pour tous ces jours d'attente, de préparation et de patience, que je tiens à vous remercier.

Monsieur le ministre, vous voudrez bien, vous l'avez déjà fait à votre manière, transmettre au commandement des armées, particulièrement à la gendarmerie, ce que le pays, par ma voix, veut exprimer aux soldats qui se sont mis à sa disposition avec tant de générosité, de détermination et, il faut le dire d'efficacité. Voilà pourquoi, dès ce matin, j'ai tenu à vous rassembler. Vos journées prochaines seront vite reprises par le service, mais la joie d'avoir délivré tant de « passagers-otages » avec le minimum de pertes par rapport à ce que nous pouvions imaginer et craindre, n'ôte rien à la douleur ressentie par les familles des passagers qui ont été assassinés et par ceux-là même qui ont été blessés. Notre pensée ira vers eux.

Ici, au palais de l'Élysée, palais de la République, là où se trouve le symbole de l'État, je vous dis merci, messieurs ! Vous venez de justifier, s'il le fallait, vingt ans d'action d'un corps d'élite dans lequel la France se reconnaît. Tout cela vous est dû. Je vous en remercie.

À l'issue de son discours, le Président de la République serre la main de chacun d'entre nous et prend le temps d'échanger, avec tous, quelques mots touchants de justesse. On le sent sincèrement fier de ce que nous avons accompli. Nous sommes quant à nous plein de respect pour cet homme dont le parcours de vie ne nous aurait, à priori, pas laissé penser qu'il put être autant impressionné par notre intervention. François Mitterrand nous quitte, occupés que nous sommes à honorer comme il se doit le buffet de qualité dressé en notre honneur. Après nous avoir une nouvelle fois remerciés, il sort du vaste salon précédé par le « sommelier ».

De retour sur Versailles, je suis conduit à l'hôpital Dominique Larrey, installé dans un bâtiment à deux pas du château et construit à la même période. Les radiographies révèlent la présence d'un éclat de grenade de onze millimètres de diamètre dans mon mollet gauche. Profondément incrusté dans le muscle, il est nécessaire, pour l'en extraire, de subir une intervention chirurgicale. Après un bref passage chez moi où je prends le temps d'avaler un bon repas, anticipant la légèreté de ceux qui me seront livrés dans les jours qui viennent, je quitte de nouveau notre appartement, non sans avoir câliné et bercé mon petit Romain et embrassé mon épouse. Une ambulance, affectée à l'infirmerie du plateau de Satory, m'emmène à l'hôpital militaire de Bégin, situé sur la commune de Saint-Mandé, près de Vincennes.

Mardi 27 décembre – 16 heures – Hôpital Bégin

Arrivé à l'hosto, en même temps que l'on me redonne une paire de béquilles pour faciliter mes déplacements, je retrouve, dans le service dans lequel on me dirige, tous mes amis du GIGN blessés au cours de l'assaut et qui ont été rapatriés le matin depuis Marseille. Il ne manque que Thierry qui est encore trop faible pour être transporté et se trouver à nos côtés. Ils ont tous été installés dans la même chambre dans laquelle il ne reste plus la place d'y positionner un lit supplémentaire. Du coup, j'occupe seul la pièce contiguë à la leur. Comme il m'est facile de me déplacer, je passe la fin de l'après-midi avec eux, durant laquelle notre conversation ne tourne qu'autour de l'intervention de Marignane et du rôle que chacun y a tenu. Le moral est plus que bon. Le seul bémol apparaît lors de la distribution des plateaux sensés être chargés du dîner. C'est le quatrième jour sans un véritable repas. Pour les chambrer davantage, je donne forces détails sur le buffet dressé pour nous à l'Élysée, si copieux que nous n'étions pas parvenus à en venir à bout.

Sur l'écran du téléviseur accroché au mur de la chambre, nous voyons durant le journal télévisé de vingt heures quelques images de notre opération sur l'Airbus. C'est la première fois pour nous. Le reportage n'est évidemment pas diffusé dans son intégralité mais les prises de vue sélectionnées sont plutôt impressionnantes, ne parvenant à arracher de notre part que des interjections très expressives.

– Oh, putain ! T'as vu !...
– Merde ! Regarde, c'est toi !...
– La vache !...
– Quel bordel ! C'est pas vrai !...
– C'est complètement fou !...
– Comment ça cartonne !...

Je les quitte au moment de l'extinction des feux pour regagner ma chambre. Dans le couloir, je discute avec quelques gendarmes mobiles qui sécurisent le bâtiment dans lequel nous nous trouvons ainsi que tout l'étage du service de chirurgie. Ils ont été placés aux différentes entrées, face aux escaliers et ascenseurs, et devant nos portes. Ces mesures ont été prises face aux menaces terroristes lancées par les extrémistes à notre encontre à la suite de notre intervention réussie à Marignane.

Mercredi 28 décembre – 8 heures – Hôpital Bégin

Ce matin, pas de petit déjeuner. Depuis minuit, nous n'avons même pas eu le droit de boire le moindre verre d'eau. J'apprécie donc comme il se doit les deux centilitres de flotte tapissant le fond d'un gobelet que je dois ingurgiter afin d'avaler le cachet destiné à la prémédication en vue de l'anesthésie. Une aide-soignante s'affaire à raser mon mollet pendant que sa collègue infirmière me prend la tension, le pouls et la température. Tout va bien. Je suis jugé bon pour le bloc. Les freins bloquant les petites roues de mon lit sont déverrouillées et me voilà poussé à travers les couloirs, empruntant un large ascenseur qui me conduit deux étages plus bas vers les salles d'opération. Devant les portes battantes qui desservent ces pièces, d'autres patients attendent. Je reconnais Olivier et Puce. Ce dernier m'informe qu'Arlé est déjà au bloc ainsi que Bull. Quelques minutes plus tard, nous sommes rejoints par un autre lit sur lequel Karl est allongé.

– On rentre là-dedans comme lors de l'inter sur l'Airbus. C'est bien, nous restons unis jusque dans l'opération chirurgicale. Plutôt sympa, non ?

– Oui, surtout s'ils nous accueillent avec des bistouris et des lasers plutôt qu'à la Kalach.

Nous émergeons ensemble de notre sommeil artificiel en salle de réveil avant d'être reconduits dans nos chambres respectives. Je n'ai pas, pour ma part, subi une anesthésie trop lourde et effectue donc quelques allers-retours dans la pièce où se trouvent mes potes pour de courtes discussions entrecoupées de plages de récupération nécessaires après nos opérations. Le personnel soignant est aux petits soins auprès de nous. Dans l'après-midi, les chirurgiens nous rendent visite. Médecins militaires, ils sont habitués à intervenir assez régulièrement sur des blessures par balles. Tous ont d'ailleurs été affectés durant leurs carrières dans des postes exposés au cœur même de conflits. Après s'être assurés que nous avons bien récupéré des effets post-opératoires, ils nous posent énormément de questions sur notre intervention de l'avant-veille. Comme beaucoup de Français, ils ont vu les images retransmises sur les chaînes de télévision et ont été également très impressionnés. Avant de nous quitter pour visiter d'autres patients, le chef de service nous informe de l'arrivée de Thierry, prévue en fin d'après-midi. Il sera, me dit-il, installé dans votre chambre avant d'être opéré, vraisemblablement, demain matin.

Quelques heures plus tard, en effet, c'est un Thierry extrêmement fatigué que l'on allonge sur le lit voisin du mien. Les balles sont toujours prisonnières de son bras droit et les éclats de grenade n'ont pas été retirés de son dos et de ses jambes. Son visage affiche un masque de souffrance. Il est allongé sur le dos, dans une position qui ne lui permet pas d'alléger ses maux. Il est très affaibli et parle peu comme pour ne pas disperser les quelques forces lui restant. Il pose souvent ses yeux sur moi sans parvenir à me sourire. J'espère néanmoins l'aider par les regards échangés. Je lui parle en prenant garde de ne pas trop l'abreuver de paroles, pour ne pas rajouter à sa fatigue en l'obligeant à une concentration extrême qui risquerait de le fatiguer davantage. Malgré les perfusions régulièrement alimentées en morphine, il souffre le martyre. Je me sens terriblement chanceux, presque honteux, de n'avoir été que très légèrement blessé par rapport à lui. Le morceau de métal retiré de mon mollet n'a, en fait, pas atteint le tibia ou le péroné et n'a sectionné ni nerf, ni tendon ni veine importante.

Les sédatifs administrés à Thierry, le soir, semblent ne pas avoir les effets escomptés sur son état. Une nuit épouvantable débute pour lui. Une nuit blanche. Durant laquelle il ne se plaint pas. Une nuit en pointillé pour moi. Régulièrement réveillé. Dans le noir, je perçois sa respiration forcée et bruyante. La respiration d'un homme qui souffre. Terriblement. En silence. À chaque réveil, je quitte mon lit pour me porter à hauteur du sien. Pour lui parler un peu et tenter de répondre à ses demandes. Lui apporter un peu du réconfort dont il a tant besoin. Je me sens maladroit et déplacé devant sa souffrance. Vraiment impuissant. D'une voix atone, il parvient à me faire comprendre ce qu'il veut. Un verre d'eau dont il ne parvient à boire qu'une ou deux gorgées légères lorsque je lui porte à ses lèvres. À chaque fois, il me demande de relever ou de baisser le dossier de son lit. Quelques petites secondes de répit volées à la douleur. Un soulagement de bien courte durée. Qu'il semble apprécier, le temps d'un souffle. Jusqu'à reprendre sa respiration lourde qui accompagne sa souffrance. Et me révèle qu'il l'a retrouvée sans que je ne puisse plus rien faire. Plusieurs fois je lui propose de biper l'infirmière de veille. Il me dit non, systématiquement. D'aller me coucher. Que tout ça ira mieux demain.

Jeudi 29 décembre – 7 heures – Hôpital Bégin

Le professeur, chef du service de chirurgie, très matinal, rend visite à Thierry pour lui expliquer qu'il n'est pas opérable ce matin et que son passage au bloc est programmé pour le lendemain. Et qu'il devra subir plusieurs interventions au cours des jours à venir afin de retirer tout ou partie des munitions qu'il a dans le bras pour, ensuite, reconstruire ce dernier. Les radiographies ont montré qu'il avait l'articulation de son épaule droite entièrement détruite et l'humérus explosé et réduit en miettes à différents endroits. Les chairs de son biceps, son triceps et de son deltoïde, en plus des balles, sont criblées de minuscules bouts d'os éclatés. Les éclats métallique fichés dans le dos, les fessiers et les jambes ne semblent pas inquiéter outre mesure le chirurgien.

– Est-ce que vous réussirez à sauver mon bras ? demande Thierry à travers cette cruelle interrogation dans laquelle il laisse beaucoup d'énergie.

– Tout sera fait dans ce sens là, le rassure le médecin.

– À Marseille il voulait m'amputer...

– Je ne suis pas un homme politique, donc je n'irai pas vers une promesse que je ne peux tenir. Je sais également que vous n'êtes pas un patient ordinaire. Que vous êtes doté d'une volonté et d'une envie de vous en sortir hors du commun. Aussi, je compte bien saisir le moindre espoir, fût-il infime, pour que vous quittiez mon service avec vos deux bras.

Le visage encore tuméfié de Thierry tente un sourire. À la fin de cette échange, ses yeux semblent s'être ranimés. Quelques secondes arrachées à la souffrance.

Exceptionnellement autorisées pour nous à partir de 10 heures, les visites de nos proches vont remplir cette journée. Les épouses, les enfants, la famille, les amis se succèdent et animent l'étage où nous sommes logés. On limite la chambre de Thierry à ses seuls visiteurs, sa fiancée et ses enfants.

– C'est pas vrai ! Finalement, on va tout de même y avoir droit. J'avais fait une croix dessus pour cette année. Je n'y croyais plus, avoué-je à Fanfan.

Elle est, en effet, venu me rendre visite en apportant une surprise, nous dit-elle, qu'elle a pris soin de glisser dans un carton long d'une cinquantaine de centimètres. En la sortant de son étui protecteur, j'aperçois ce sur quoi j'avais fait une fixation durant les derniers jours écoulés. Une magnifique bûche de Noël au Grand Marnier, faite maison par mon épouse qui a longtemps travaillé dans une pâtisserie renommée. Enfin, je vais pouvoir calmer cette obsédante envie et me régaler en partageant ce succulent gâteau de fête avec tous les blessés.

À chacune des visites d'un des gars du Groupe, celui-ci est toujours porteur de nombreuses lettres qu'il nous laisse afin que l'on en prenne connaissance. Elles proviennent de l'abondant courrier qui nous est adressé depuis toute la France, et pour certain de l'étranger, par des anonymes qui avaient été spectateurs, devant leurs téléviseurs, de notre intervention. Ces émouvantes missives chargées de mots chaleureux nous touchent à même le cœur lorsque l'un de nous en fait la lecture à haute voix pour tous les blessés. Durant plusieurs semaines, des sacs complets de ces lettres d'encouragements et de remerciements envahiront la pièce de permanence de la caserne Pasquier.

L'après-midi les plus hautes autorités de la gendarmerie passent quelques instants à nos côtés. Des généraux entourent le haut responsable de l'Institution. L'intervention est évidemment évoquée au cœur des conversations qui s'engagent. Après nous avoir félicités, ils s'inquiètent de la santé des blessés, de l'évolution de la convalescence de chacun et disent quelques mots d'encouragements. Ce petit aréopage se dirige ensuite vers la deuxième chambre pour y retrouver Thierry qui prend sur lui pour parvenir à expliquer l'action qu'il a mené en entrant dans l'avion. Après qu'il ait raconté que son assaut, à lui, n'a duré qu'une dizaine de secondes, le directeur appuie sur l'importance de son action.

– Vous avez dans ce très court laps de temps, effectué un travail remarquable qui a orienté l'opération dans le sens de sa réussite. Vous pouvez être fier de vous.

Puis il rajoute quelques mots sur ses blessures et lui demande dans quel état il se sent maintenant.

– Je n'ai pas encore été opéré. Tous les dégâts subis par mon bras sont importants. Et j'ai le dos et les cuisses criblés d'éclats de grenade. Aussi je souffre terriblement. Je suis sous morphine mais même elle, ne parvient pas à atténuer la douleur.

– Je comprends. Cela doit être très dur pour vous. Est ce que vous parvenez à vous reposer malgré tout ?

– Non, répond Thierry je n'arrive pas à fermer l'œil de la nuit. Et ce, malgré les puissants somnifères qui me sont administrés chaque soir.

L'énarque hoche la tête d'un lent mouvement.

– Pour la nuit, dit-il, je vais vous donner une solution pour retrouver le sommeil. C'est une recette de grand-mère mais qui est particulièrement efficace. Le soir, buvez une camomille. Et vous allez dormir comme un bébé.

Il sourit à l'attention de Thierry qui semble se demander s'il a réellement entendu cela ou s'il a rêvé. Avant qu'il ne quitte la chambre après nous avoir souhaité bon courage, je rebondis sur sa suggestion.

– Est ce que vous avez également donné ce conseil aux autres blessés ? je lui demande en tentant d'apparaître le plus sérieux possible.

– Non, non, me répond-il, car aucun d'entre eux ne m'a parlé de faire face à des difficultés de sommeil.

– Si je peux me permettre, cela ne serait-il pas intéressant que vous leur communiquiez avant de repartir votre recette de grand-mère ? Je pense que ça peut également leur être utile.

À ses côtés, deux généraux me regardent. Ils ont compris mon humour quelque peu ironique qu'ils approuvent d'un geste de la tête mais semblent déconcertés par ce qu'il viennent d'entendre de la bouche du technocrate. Une fois nos visiteurs repartis, je me tourne vers Thierry.

– Tu vois, je ne regrette pas de ne pas avoir poursuivi mes études trop longtemps. Cela nous évite de sortir de telles conneries.

– Il est vraiment sur une autre planète, souffle Thierry.

Son visage s'illumine d'un vrai sourire. Le premier depuis son arrivée dans cette chambre d'hôpital.

Vendredi 30 Décembre – 8 heures – Hôpital Bégin

Thierry est emmené vers le bloc opératoire. En attendant son retour, je passe une partie de la matinée avec les autres blessés et les visiteurs qui continuent d'affluer. L'intervention est longue. Il ne reviendra qu'en début d'après midi dans la chambre. Habillé du teint pâle de l'opéré. Le produit utilisé pour l'anesthésie le replonge dans de micro-sommeils réparateurs durant lesquels il donne l'impression de moins souffrir.

Vers 16 heures, la porte s'ouvre sur l'arrivée d'un général de la direction. Un chef proche de ses hommes. Très apprécié. Un des rares officiers, jeune capitaine à l'époque, à avoir élaboré et soutenu le projet de création du GIGN de Christian Prouteau. Depuis, il a régulièrement rendu visite à l'unité et au personnel qui la compose. Nous sommes plongés dans une discussion sympathique quand retentit dans le couloir une rafale d'arme automatique. Thierry fait un sursaut sur son lit et me regarde, incapable de bouger dans son état. Le général a réagi en s'accroupissant entre nos lits. Je plonge la main dans le tiroir de la table de chevet et en sors mon fidèle Manhurin 357 magnum avec lequel je braque la porte de la chambre.

– T'inquiète pas Thierry ! S'ils rentrent je les allume !

Mais rien ne se passe. Nous faisons face à de bien longues secondes de silence. Puis des voix, nous parvenant depuis le couloir, crient que ce n'est qu'un incident. La porte qui s'ouvre, prudemment. Je baisse mon arme sur l'apparition de l'infirmière accompagnée d'un des gendarmes mobiles chargés d'assurer notre sécurité face aux menaces terroristes lancées et renouvelées à notre encontre. J'entends Thierry souffler de soulagement. Le général se redresse. L'infirmière est impressionnée par mon revolver que je fais disparaître dans le tiroir que je m'empresse de refermer. Et le gendarme, intimidé par la présence du général, qui se confond en excuses lorsqu'il se met à expliquer qu'un de ses hommes en manipulant son fusil d'assaut Famas a laissé échapper une rafale de balles qui se sont fichées dans le plafond. Tout cela est du plus mauvais effet. Le détachement sera relevé et remplacé dans les heures qui suivent. Dans la chambre voisine, deux ou trois armes sont également sorties des tables de chevet pour répondre à une éventuelle attaque des terroristes.

Samedi 31 décembre 1994 – 10 heures – Hôpital Bégin

Il est 10 heures lorsque le chef du service chirurgie nous rend visite. Outre le fait de suivre notre convalescence, il vient nous rendre compte de la décision prise par le directeur de l'hôpital à la suite d'une réunion à laquelle il a assisté avec une partie de son personnel et dont il sort à l'instant. L'objet de celle-ci portait sur le fait que les patients du GIGN détenaient des armes. Bien qu'étant dans un hôpital militaire, cela ne correspond évidemment pas aux règles en cours dans un établissement de soins. Il nous demande donc de bien vouloir remettre notre armement à un membre de notre unité qui se chargera de les rapporter dans notre caserne. Deux heures plus tard cette opération s'effectue en présence d'une personne du service afin de garantir la bonne volonté de notre part. Je remets donc mon 357 à Fred, venu ce jour-là nous rendre visite. Après son départ, Thierry s'inquiète quelque peu. Il est cloué sur son lit sans pouvoir bouger et doit, par conséquent, se sentir vulnérable. Avec ce qu'il a subi, c'est plutôt compréhensible.

– Nous voilà bien. Si jamais une action devait être menée contre nous, j'aurai l'impression d'être à poil. Je n'aime pas tellement ça !

– Te fais pas de souci, dis-je pour le rassurer. Regarde !

Je glisse ma main sous mon matelas, entre celui-ci et le sommier. Quand elle réapparaît, mes doigts sont repliés sur la crosse de mon pistolet automatique.

– Tu vois, on n' est pas encore complètement à poil.

Il parvient à rire, de bon cœur, par dessus ses souffrances.

Dans l'après-midi, nous avons la visite de tous les membres de l'équipage de l'Airbus détourné. Il manque tout de même le copilote hospitalisé après sa chute depuis le cockpit. J'ai poussé le lit de Thierry jusqu'à la chambre où se trouvent Karl, Puce, Bull, Arlé et Olivier. Le commandant de bord nous transmet, au nom de celles et ceux qui l'entourent, leurs remerciements puis après ce petit mot empreint d'un peu de solennité, le lien se crée autour des discussions qui s'amorcent.

– J'aimerais savoir, me demande le pilote, où vous avez pu trouver la motivation pour entrer dans l'avion en sachant pertinemment qu'en franchissant cette porte, vous alliez vous faire tirer dessus.

Maladroitement et sans doute à mille lieues de ce qu'il aurait pu imaginer comme explication, je lui réponds :

– Cela fait douze ans que je suis au GIGN. Douze ans que je m'entraîne sur avion et que je me sentais prêt à mener une telle opération. Douze ans que j'attendais de savoir de quoi j'étais capable sur une intervention pareille. Aujourd'hui, je sais.

Je sens, au regard qu'il me porte, que ma réponse fait plus que le surprendre. Il deviendra quelques temps plus tard un de mes amis proches et m'annoncera alors m'avoir, durant quelques instants, pris pour un fou. Je découvrirai plus tard un homme calme, réfléchi dont l'humilité est l'une des grandes qualités. Et je comprendrai ainsi le rôle essentiel qu'il a tenu durant les cinquante-quatre heures qu'a duré la prise d'otages et qu'il a gérée au mieux, sans commettre la moindre erreur qui aurait pu être dramatique. Je sais aussi l'enfer qu'il a subi, coincé dans son cockpit durant le long quart d'heure qu'a duré l'assaut que nous avons mené.

Je récupère très vite de ma blessure qui, dans quelques jours, ne devrait plus être qu'un mauvais souvenir. Il n'en va pas de même pour Thierry qui subit plusieurs opérations chirurgicales. Il souffre toujours terriblement. Au point de subir toutes les trente-six heures une anesthésie générale afin que le personnel infirmier puisse lui prodiguer les soins nécessaires à son état.

Mercredi 4 janvier 1995 – Hôpital Bégin

Nous basculons en 1995 sans pouvoir honorer comme il se doit cet événement. Il y a huit jours de cela, j'étais assuré de passer les deux fêtes, Noël et Nouvel an, au chaud et en famille. À l'arrivée rien ne s'est passé ainsi.

Une visite nous met du baume au cœur en nous faisant particulièrement plaisir. Celle de nos anciens. Ceux qui furent à l'origine de notre aventure pour avoir été les premiers à être recrutés lors de la création du GIGN. Ceux qui ont, sous la direction de Christian Prouteau, mis en place les bases et les solides fondations de cette unité. Ceux qui ont écrit, par leurs premières actions, les lettres de noblesse du Groupe. Notamment neuf d'entre eux, présents aujourd'hui, ayant participé à la première grande intervention. C'était en février 1976 à Djibouti, et plus précisément à Loyada. Sept ravisseurs ont pris en otages trente enfants dans un car de ramassage scolaire qu'ils ont garé à quelques mètres du poste frontière avec la Somalie. Le lieutenant Prouteau, accompagné de neuf hommes, arrive sur place dans la nuit suivante. Équipés de FRF1, les tireurs se postent en plein désert au cœur de la nuit.

Le soleil de la journée les écrasera de chaleur qu'il réverbère sur les cailloux du reg où ils sont positionnés. Régulièrement et à tour de rôle, deux preneurs d'otages effectuent des liaisons avec le poste-frontière somalien tout proche. Dans le bus, ils restent en permanence à cinq. Il se passe de longues heures avant que les tireurs du Groupe aperçoivent les terroristes en même temps dans leurs lunettes. Un tir simultané les fait s'écrouler. Mais l'incroyable se produit. Alors que les hommes du GIGN se préparent à bouger pour investir le car afin de libérer les enfants, ils sont pris à parti sous un feu appuyé venant de la frontière. L'armée somalienne, en épousant la cause des ravisseurs, tire sur les neuf gendarmes qui se voient contraints de répliquer pour conserver leurs vies sauves. Un incroyable échange d'un pays à l'autre. Dix soldats somaliens seront abattus. Profitant de la fusillade, un terroriste venant du poste-frontière est remonté à bord du bus et se met à tirer à l'intérieur en balayant son arme dans tous les sens. Le premier binôme du GIGN à pénétrer dans le véhicule le mettra hors d'état de nuire. Malheureusement, il avait auparavant tué une fillette. Parmi les morts de la frontière somalienne, sera relevé un homme blond de type européen. Un soviétique dont on ne saura rien de plus. Si ce n'est que s'il n'avait pas conseillé et dirigé l'opération du côté de l'armée somalienne, une petite fille vivrait encore.

Et aujourd'hui, tous les héros de cette première grosse intervention sont parmi nous à nous féliciter et à nous réconforter. Il est rassurant de voir qu'ils sont restés unis comme les doigts d'une main après toutes leurs années passées au GIGN.

Après une semaine d'hospitalisation, je quitte mes amis plus sérieusement touchés et j'éprouve la désagréable sensation d'abandonner Thierry. Il est inquiet car depuis plus de vingt-quatre heures, son bras blessé diffuse une odeur forte de chair en décomposition. De viande pourrie. Le chirurgien lui a fait part d'éclats de cloisons, de bouts de tissus de sa combinaison retenus dans ses muscles. Il me parle de la gangrène qu'il craint pour en connaître l'issue, l'amputation. Je tente de le rassurer en étant persuadé de ne pas y parvenir. Je lui promets de revenir très régulièrement lui rendre visite. Ce que je ferai durant ma convalescence. Au bout de trois semaines, les médecins finiront par trouver l'antibiotique adapté et dès lors, comme par miracle, sa cicatrisation se fera en quarante-huit heures. Avec la certitude de conserver son bras mais sans aucune garantie de pouvoir s'en resservir un jour.

Ce bras si adroit. Celui du meilleur tireur du GIGN. Et pour hériter de ce titre dans cette unité où nous excellons tous dans cette discipline, il faut vraiment être au-dessus du lot. Avoir un don en plus qui échappe aux autres. D'ailleurs, lors de la dernière séance de tir avant l'intervention de Marignane il avait annoncé la couleur avant même de débuter celle-ci.

– Aujourd'hui, je vais faire un cent.

Faire cent, c'est mettre ses dix cartouches dans la zone marquée 10 au centre de la cible. Le diamètre du cercle n'est que de cinq centimètres. Et à une distance de vingt-cinq mètres, il paraît vraiment minuscule. Ses huit premières balles avaient effectivement déchiré le milieu du carton. Il avait assuré déjà quatre-vingt points. On s'était mis à le chambrer, à lui mettre la pression, à tenter de le déstabiliser avant ses deux dernières cartouches.

– Vous ne parviendrez pas à me troubler, avait-il dit sûr de lui. Au lieu de ça, dites-moi plutôt à qu'elle endroit précis du 10 vous voulez que je les place.
– À midi, lui avais-je répondu.
– Et à 9 heures, avait demandé Alain présent à nos côtés.

Le tireur doit alors visualiser le petit cercle central comme une horloge sur laquelle seraient inscrites les heures tout autour. Tout en restant dans le dix, il devait tirer tout en haut pour réussir le midi demandé et sur la partie gauche pour les 9 heures. Avec Alain, nous nous étions placés de part et d'autre de la cible. À vingt-cinq mètres nous l'avions vu tendre son bras pour prendre sa visée. Il avait lentement pressé la détente jusqu'au départ du coup qui avait résonné dans le stand. Un impact net avait découpé le cercle central dans sa partie haute et médiane. Il venait de réaliser un 10 à midi. Quelques secondes plus tard, Thierry plaçait sa dernière balle dans la même zone mais à 9 heures cette fois. Le total de ses tirs atteignaient le score maximum. Cent. Une fois de plus, il nous avait bluffés.

Mardi 14 février – Caserne des Célestins – Paris

Ma convalescence tire à sa fin. Les séances de rééducation se sont bien déroulées. Les dernières radiographies ont révélé que la cicatrisation profonde de mon mollet était totalement réalisée. Aujourd'hui, à la caserne des Célestins, tous les membres du GIGN ayant participé à l'intervention de Marignane sont présents pour être décorés par le ministre de la défense, Monsieur François Léotard. Il a plaisir à nous retrouver pour l'occasion et nous en fait part au cours de cette belle cérémonie. Thierry est parmi nous, assis sur son fauteuil roulant, le bras droit broché et maintenu à l'horizontale dans le prolongement de son épaule par une armature de soutien en plâtre. L'ensemble du personnel engagé dans l'intervention, sans y avoir été blessé, reçoit la médaille de la Valeur militaire. Les blessés se voient décorer de la médaille de la Gendarmerie nationale, plus haute distinction au sein de cette institution. Au moment où le ministre m'épingle cette décoration, je perçois la ridicule injustice de cette situation au point, à l'issue de la cérémonie, d'aller m'entretenir de cela avec M. Léotard.

– J'ai suffisamment d'ancienneté de service pour savoir comment fonctionne le système mais je pense néanmoins qu'il eut été bien que tous les participants à l'opération reçoivent la médaille de la Gendarmerie. À quel titre les blessés ont-ils été plus méritants que les autres ? Entre ceux qui ont été touchés et les autres, dans ce type d'intervention, il me semble qu'il n'y a juste qu'une part de chance ou de malchance.

Au moment où je lui dis cela, l'image de Jean-François et de Pierrot, allant chercher Thierry à moins de trois mètres du canon de la Kalach qui arrosait régulièrement l'endroit où ils se trouvaient, me revient en mémoire.

Le ministre me dit comprendre mes propos mais que les blessés, lors d'opérations engagées, sont davantage valorisés et mis à l'honneur. Comme un fait avéré, une sorte de tradition militaire. Et sans doute peut-on y voir une certaine injustice. Il me précise également avoir du faire passer un décret pour classer l'intervention sur l'Airbus comme « Fait de guerre » afin que les membres du GIGN puissent être récompensés de décorations à la hauteur de ce dramatique événement.

J'enchaîne en reprenant ses mots.

– Vous me dites qu'il est une tradition d'honorer les blessés. Aussi, pour perpétuer cela, nous espérons que vous vous engagerez afin que Thierry puisse rester au GIGN jusqu'à ce qu'il atteigne la limite d'âge pour servir dans cette unité, qui est fixée à quarante-deux ans. Il ne sera certes plus opérationnel mais il doit être possible de l'affecter dans une fonction d'instructeur où, par son expérience acquise, il a encore beaucoup à apporter.
– Je vous promets qu'il demeurera au GIGN, s'engage-t-il effectivement devant moi.

Les personnalités politiques ont souvent l'habitude de faire des promesses qui ne sont pas toujours tenues. Celle-ci avait été faite devant des hommes pour qui la parole donnée veut dire quelque chose. Je ne sais si cela eut une incidence sur son engagement. Denis avait, pour faire aboutir ce dossier, effectué un travail important et s'y était beaucoup investi. Toujours est-il que, quelques mois plus tard, nous nous réjouissions tous de voir Thierry rester parmi nous en intégrant notre équipe d'instructeurs.

Mercredi 15 Février – Palais de l'Élysée

Aujourd'hui, c'est l'Élysée et son illustre locataire, monsieur François Mitterrand, qui nous accueillent. Uniquement ceux qui ont été blessés lors de l'assaut. Pour la majorité d'entre eux, c'est une première hormis pour Fabrice, P'tit Bourrin, Bardelloche et moi. Notre petit groupe est renforcé par les trois officiers ayant participé à l'intervention de Marignane. Sont présents également à nos côtés, tous les membres d'équipage de l'Airbus. Nous avons le droit d'inviter chacun deux personnes. J'ai obtenu l'autorisation d'être accompagné par trois de mes proches. Mon épouse Fanfan et mes parents arrivés depuis la veille à la maison. À soixante-cinq ans c'est la première fois que mon père prenait l'avion. Les billets des invités ont été offerts par Air France. J'espère qu'ils vont pleinement en profiter car je ne ferai pas ça tous les jours afin qu'ils puissent bénéficier encore de vols gratuits. Et voilà qu'ils se retrouvent au beau milieu du plus prestigieux des palais français. Un exploit pour eux qui n'aiment pas quitter l'intérieur de leur maison. Avec ma mère, ils sont inséparables dans ce lieu jusque dans l'émerveillement qu'ils affichent en découvrant les richesses de la Présidence.

Dans le grand salon, où l'on nous a placés, nous rejoignent les ministres les plus importants du gouvernement. Autour du premier ministre, monsieur Édouard Balladur, se trouvent le ministre de l'Intérieur, monsieur Charles Pasqua, celui de la Défense, monsieur François Léotard, ainsi que le ministre des Affaires étrangères, monsieur Alain Juppé.

Comme la fois précédente, le Président de la République est précédé par « l'huissier-sommelier ». Monsieur Mitterrand fait un court discours puis en vertu des pouvoirs qui lui sont conférés selon la formule consacrée, épingle le ruban rouge de la Légion d'Honneur sur la veste de Bernard, le commandant de bord avant de l'agrafer sur les vareuses du Colonel J., commandant le GSIGN[6], de Denis, notre patron et de Puce. Ce dernier, sous-officier, ayant déjà été honoré de la médaille militaire, se voit donc attribuer la plus élevée des décorations françaises. Puis le Président de la République orne les poitrines de Thierry, Olivier, Fabrice, Pascal, Arlé, Bardelloche, Karl, Bull et moi-même du tissu vert et jaune de la Médaille militaire, plus haute distinction décernée à des sous-officiers. Enfin, il décore de l'Ordre national du mérite et son étoffe bleue, tous les membres d'équipage de l'Airbus ainsi que nos deux officiers Jean-François et Oliver.

Après cette remise officielle, le Président passe parmi nous et échange de longs mots avec chacun des récipiendaires. Je me fais le porte-parole des blessés pour le plus touché d'entre nous.

– Monsieur Le Président, nous aurions aimé qu'une récompense plus importante soit attribuée à Thierry. Qu'il puisse recevoir un plus grand honneur encore de la Nation.

---

6. Groupement de Sécurité et d'Intervention de la Gendarmerie Nationale, dont fait partie le GIGN.

– Cette requête m'a été présentée trop tard pour qu'elle puisse être réalisée aujourd'hui. Elle répond à des délais assez longs. Sachez que je m'occuperai personnellement de ce dossier afin qu'il soit décoré de la Légion d'honneur et qu'elle lui soit remise par le Président de la République.

Après que je le remercie, il rajoute en usant d'un ton de confidence.

– Malheureusement, je n'aurai pas le plaisir de le décorer. Cela sera fait par mon successeur.

Monsieur François Mitterrand se dirige vers Thierry, installé sur son fauteuil roulant, pour s'entretenir avec lui. Il tiendra parole et, en novembre aux Invalides, Monsieur Jacques Chirac remettra la Croix de la Légion d'Honneur à Thierry. Ce jour là, malgré le fait qu'il n'ait toujours pas récupéré l'usage de son bras, Thierry affichera le visage le plus rayonnant et le plus beau que je ne lui avais jamais vu jusqu'alors. Avoir la reconnaissance de la France le rendrait fier et heureux.

Après toutes ces réceptions officielles, nous avons reçu une kyrielle d'invitations allant d'émissions télévisées ou radiophoniques jusqu'à des soirées privées dans lesquelles il nous était demandé de bien vouloir les honorer de notre présence. Nous étions devenus des personnes avec lesquelles il était bon de s'afficher. Nous avons décliné toutes ces propositions, considérant n'avoir fait que le travail qui était le nôtre et que cela ne valait donc pas tous ces honneurs que l'on voulait nous rendre. Nous savions également ce que la réussite et le succès avaient d'éphémère. Nous n'avions pas l'âme de héros et désirions nous préserver de toute starisation. Les missions n'avaient pas cessé pour autant et notre énergie devait être orientée vers elles, vers la préparation et les entraînements. Nous n'avons donc participé qu'à de très rares réceptions, celles qui furent organisées par des amis proches du GIGN, comme la magnifique soirée s'étant déroulée dans le cadre somptueux du Trianon Palace, et réalisée par Gary Ellis, son directeur de restauration.

VIII

5 Mars 1995 – Strasbourg

Le bip d'alerte résonne au milieu du film dans lequel confortablement installé dans mon canapé, je suis immergé depuis près d'une heure. J'appelle la permanence. Lorsque je raccroche, je sais que je ne connaîtrai pas le dénouement de la fiction. Tant pis. Si je veux visionner la suite et la fin de cette réalisation, je n'aurai qu'à louer la cassette au vidéo-club. Il est 22 heures lorsque cinq CX break chargées en matériel et personnels suivis par deux voitures banalisées franchissent la grille de la caserne. Après une convalescence d'un peu plus de deux mois, je me retrouve à la tête de mon groupe pour ce qui est ma première mission depuis celle de Marignane.

Un individu classé très dangereux, multirécidiviste, sorti de prison il y a moins d'un an a braqué le matin même une Caisse d'épargne en menaçant employés et clients à l'aide d'armes de guerre. Il s'est volatilisé dans Strasbourg avec un butin conséquent sans blesser quiconque ni prendre le moindre otage. L'homme, âgé d'une cinquantaine d'années se fait appeler « le Robin des Bois de l'Est ». Un surnom qui pourrait rendre le personnage sympathique s'il redistribuait l'argent volé vers les moins favorisés de notre société. Malheureusement, il se contente de « voler aux riches », ce qui n'est vraisemblablement pas le cas de tous les petits épargnants de cette succursale bancaire, pour son compte personnel. Il s'est promis de ne plus jamais retourner derrière les barreaux et de mener une guerre totale aux forces de gendarmerie et de police qui pourraient se mettre en travers de sa route. Il a déclaré préférer mourir que de se rendre et a indiqué disposer, pour se faire, d'un armement puissant et varié. Dans la nuit, à vive allure sur le ruban d'asphalte de l'autoroute A4, nous nous dirigeons vers Strasbourg. L'homme a été localisé par les gendarmes départementaux.

Il est habitué à changer régulièrement de planque. Nous ne devons pas perdre de temps. Aussi avalons-nous la route en trois heures avant d'être accueillis par la brigade de recherche qui nous dresse un tableau de la situation. Un indicateur fiable a permis de savoir où il résidait. Décision est prise de repérer les lieux sans attendre et de profiter de la nuit pour le faire. Je désigne Marco, mon adjoint et Zaza, un de mes chefs d'équipe pour m'accompagner. Denis le patron se joint à nous. À nos côtés, un OPJ de la brigade, se charge de nous mener sur place. Dans le deuxième véhicule banalisé, trois gars du groupe suivent afin de rester sur les lieux en observation pendant la nuit. Le restant de mon groupe s'installe dans les locaux de la gendarmerie dans l'attente de l'intervention au petit matin. Il est trois heures. Je demande au gendarme départemental, dans un souci de discrétion, de ne pas nous faire passer en véhicule sur la petite rue au pied de l'immeuble dans lequel le « Robin des bois de l'est » a trouvé refuge. Suivant ses indications, nous empruntons une quatre-voies qui pénètre un quartier où naissent quelques immeubles et sur laquelle nous filons à cent kilomètres-heure.

– Il est dans ce bâtiment là ! crie le gendarme en pointant son doigt sur la grande bâtisse qui se dresse à trente mètres de notre route.

Je suis furieux.

– Putain ! C'est pas possible ! Je t'avais demandé de ne pas passer devant son immeuble. Mais merde ! À quoi tu penses ?
– On n'est pas devant mais derrière le bâtiment, tente-t-il d'atténuer son erreur en rajoutant qu'il s'excuse.

Denis essaie de faire tomber ma colère.

– Deux voitures qui passent sur une quatre-voies ne vont peut être pas éveiller les soupçons. Cela peut passer inaperçu. Ça va aller, Roland.
– De jour peut être, mais en pleine nuit, huit types entassés dans deux bagnoles pour un mec qui est en planque, ça doit être plus que louche. Je voulais qu'on soit déposé plus loin pour faire le repérage à pied. C'est pas vrai !

J'ai du mal à me calmer. Nous nous garons quelques cinq cents mètres plus loin et décidons d'aller faire notre reconnaissance à pied. Le gendarme départemental nous indique qu'il loge au quatrième étage dans l'appartement 23.

– C'est sûr ? lui dis-je, toujours sous le coup de l'énervement.
– Oui, c'est sûr, répond-il timidement.

Je lui demande de rester avec les trois occupants de la seconde voiture qui seront en liaison radio avec nous. Denis, Marco, Zaza et moi-même nous enfonçons dans la nuit en direction de l'immeuble. Nous devons savoir s'il y a un ascenseur, comment se présente l'escalier, les portes, principalement celle de son logement. De quel matériau elle est composée, si elle a été renforcée, le nombre de serrures et verrous, si elle est équipée d'un judas. Tous les renseignements utiles pour faciliter l'ouverture. Nous avons décidé, pour ce faire, d'utiliser de l'explosif. Afin d'augmenter l'effet de surprise car cette façon d'opérer, très rapide, permet l'irruption d'une équipe d'intervention dans le temps de l'explosion qui rajoute au choc subi par l'occupant de l'appartement.

Arrivés à l'angle du bâtiment nous prenons le temps d'observer les alentours et de nous imprégner des bruits et de l'ambiance. Tout est calme. En silence nous avançons sur le sol goudronné en direction de la porte en bois de l'immeuble. Celle-ci est pleine. Denis et Marco s'apprêtent à la pousser quand elle s'ouvre sèchement devant eux. Surpris ils font un léger bond de part et d'autre de l'ouverture dans laquelle se découpe la silhouette d'un homme vêtu d'un long manteau de toile du style de ceux des tueurs du film de Sergio Léone « Il était une fois dans l'ouest ». Il laisse tomber le sac qu'il tenait de sa main gauche et effectue un mouvement ample pour ouvrir sa grande gabardine sous laquelle nous voyons apparaître un long canon. Notre réaction ne se fait pas attendre.

Quatre armes de poing sont braquées sur lui dans la seconde et dans le même temps nous élargissons notre dispositif. Lui, pointe une Kalachnikov dans notre direction qu'il balaie de l'un à l'autre ne sachant sur lequel d'entre nous la fixer. Denis, Manhurin pointé sur l'homme, crie « Gendarmerie nationale ! ». Marco armé de son SIG P228 enchaîne un « Lâche ton arme ! » qu'il hurle deux fois. Zaza, équipé de la même arme lui ordonne de mettre les mains en l'air. Derrière mon 357 magnum, je ne dis rien, je me contente de l'observer et ne le quitte pas des yeux un seul instant. Un face à face tendu s'installe durant une dizaine de secondes pendant lesquelles je lui trouve un aspect bizarre au niveau du haut de son visage. Il prend conscience que s'il fait feu, au vu de nos positions respectives, il est un homme mort. Il lâche son arme et lève les mains vers le ciel. Étant sur le côté, j'annonce à mes équipiers que j'y vais tout en remettant mon arme à l'étui. Décidé, je me porte vers lui pour le saisir en douceur. Lorsque je m'apprête à le faire, il effectue un mouvement vers l'arrière. C'en est fini de la douceur. Je lui saute dessus et, tout en le saisissant par les cheveux, je lui assène un coup de genou dans le ventre qui le plie en deux. Zaza lui passe les menottes. Et je ne peux retenir un rire en l'apercevant au sol complètement chauve. Dans ma main, je tiens la perruque qu'il portait, celle-là même qui lui donnait une apparence bizarre lorsque je l'observais quelques secondes plus tôt. Dans son sac, nous retrouvons le butin du braquage de la veille mais également un pistolet automatique en 11,43 ainsi qu'un 44 magnum, deux grenades et des centaines de cartouches. Sans oublier la Kalachnikov dont nous nous saisissons. Décidément, cette arme semble vouloir croiser notre route un peu trop souvent ces derniers temps.

De retour à la brigade, nous retrouvons le restant du groupe d'assaut, déçu de n'être pas intervenu. Tous comprennent néanmoins ce qui s'est passé lorsqu'on leur explique les faits et notre réaction face à la situation qu'il nous a fallu régler dans l'instant.

Je vais voir « Robin » dans la cellule. Il a recoiffé tant bien que mal sa perruque. Comme s'il était toujours sous le choc, il a conservé ses yeux exorbités depuis son arrestation. Un peu à la manière de Depardieu dans certains films, il s'exprime sans parvenir à formuler une phrase complète.

– Le GIGN, chapeau ! Alors là, chapeau !

Puis il enchaîne avant même que j'aie pu dire quoi que ce soit.

– Sang froid ! Hein ! Chapeau ! Et sang froid !

Il finit par se rasseoir.

– Chapeau, murmure-t-il pour finir.

Je m'assieds près de lui.

– Pourquoi dis-tu ça ? On n'a pas l'habitude de tirer pour rien. Si tu l'avais fait, on aurait alors répliqué mais tu ne serais plus là. Tu as bien analysé la situation, aussi cela s'est bien passé.

– Oui mais ce n'est pas toujours le cas, me répond-il d'une voix plus tranquille. Il y a trois ans j'ai été arrêté par des flics. J'ai levé les mains en l'air avec mon arme. Dès qu'ils l'ont vue, ils m'ont tiré dessus et m'ont blessé. Tu vois, ce n'est pas pareil à tous les coups...

– Il faut dire que tu cherches plutôt les ennuis. En provoquant sans cesse, tu vas finir un jour par te faire descendre.

– Ce sera toujours mieux que de retourner en prison. Je ne veux plus y aller.

– Pourtant cette fois-ci encore, c'est ce qui t'attend. Au fait, dis-moi, à 3 heures on t'est tombé dessus au moment où tu voulais changer de planque ?

– Non, j'étais dans la pièce qui donnait sur la quatre-voies parce que je n'imaginais pas que les flics puissent venir par la petite rue de devant. Quand on est en cavale, on trouve tout bizarre. Alors quand j'ai vu passer deux voitures pleines de mecs, je m'suis dit « Putain, faut vite que je me casse ! » J'ai embarqué mon sac et je me suis barré.

– Avec une putain de Kalach, murmurai-je entre mes dents tout en pensant que, ces derniers temps, je croisais un peu trop souvent cette arme.

– Quoi ?

– Non, rien.

Quelques heures plus tard, il était conduit chez le procureur de la République qui lui signifiait son incarcération immédiate.

Il prit alors la route de la prison où il s'était pourtant jurer de ne plus jamais y retourner. Moins d'un an plus tard, il parvenait, à sa manière à s'en évader, en se pendant dans sa cellule.

Avril 1995

C'est une fin de matinée d'avril qui alterne, sur l'Ile de France, ses éclaircies entrecoupées de fines averses pénétrantes. Satory passe de tons grisés à d'agréables couleurs printanières. La sonnerie du téléphone me sort de mes pensées qui s'accrochent aux quelques apparitions du soleil pour s'égayer. Au bout du fil, une voix éraillée qui m'est familière. Un timbre de voix qui a changé depuis que l'homme qui se présente à moi a reçu une volée de plombs en plein visage, tirée, lors d'une intervention, par un individu armé d'un fusil de chasse.

– Roland, c'est Christian Prouteau.
– Bonjour, mon commandant.

Nommé Préfet depuis plusieurs années, il reste, pour tous les membres du GIGN qui, comme moi l'ont connu à la tête de cette unité, le patron du groupe. Le commandant. Il est loin de s'offusquer d'être ainsi interpellé par les plus anciens. Bien au contraire, derrière ce terme se cache une certaine proximité qui n'enlève rien au respect que l'on éprouve pour la personnalité qu'il est et le parcours qu'il a accompli.

– Voilà, j'ai un cadeau à vous faire.

Sur le coup, je ne comprends pas vraiment si cette phrase ne concerne que moi et surtout que me vaudrait l'honneur d'une telle attention.

– Oui, un cadeau pour vous et tous les blessés de Marignane. Voilà, il faudrait que vous veniez tous à l'hôpital Bégin le 18 à midi. On y prendrait un repas tous ensemble, que l'on partagerait avec Thierry, dans sa chambre. Avant qu'il ne quitte l'hosto. Le cadeau-surprise viendra au moment du repas.

– D'accord. Pas de problème. Je vais contacter les blessés et nous viendrons tous le 18. Alors, merci mon commandant, heu... monsieur le préfet.

– Surtout, répond-il dans un sourire que je perçois au ton de sa voix, ne ratez pas ce rendez-vous. Vous serez contents de la surprise. Allez, salut Roland.

L'état de Thierry s'est bien amélioré depuis que j'ai quitté sa chambre début janvier. À chacune de mes visites, très régulières, j'ai pu constater son évolution et ses progrès. Son bras droit est toujours traversé par des broches et il ne peut évidemment pas s'en servir. Le jour convenu avec Christian Prouteau, nous sommes une dizaine a avoir envahi son espace de vie. La pièce qu'il occupe depuis de longs mois. Sa sortie a été envisagé d'ici quelques semaines. En tout cas, avant l'été. Il est heureux de voir autant de monde lui rendre visite. L'occasion est trop belle pour lui de discuter et d'échanger avec chacun de nous. Il ne se plaint pas lorsqu'il évoque les difficultés qu'il rencontre de ne pouvoir utiliser qu'un bras pour effectuer des gestes simples de la vie.

– Surtout avec la main gauche, précise-t-il. C'est pas très pratique quand on est aux toilettes. Essayez un jour, vous verrez. Et pour lacer ses chaussures, c'est coton.

– T'auras qu'à mettre des bottines.

Il sourit à ma plaisanterie. L'ambiance est décontractée mais au fond de nous, la même interrogation demeure. Quel est donc ce mystérieux cadeau promis par Christian Prouteau qui nous a rejoints depuis quelques minutes, les mains vides ?

Est-ce simplement ce moment convivial partagé par tous autour du repas qui vient de nous être livré et qui dispense ses effluves asiatiques dans la chambre ? En tout cas nous nous régalons de la finesse de cette cuisine orientale.

Un quart d'heure plus tard, quelques coups sont frappés sur la porte qui dévoile l'arrivée d'un homme revêtu d'un élégant pardessus foncé. Une large écharpe en cachemire blanc recouvre son visage dont on n'aperçoit que ses yeux bleus. Argents et bruns, ses cheveux raides mêlés donnent un aspect décoiffé volontairement recherché. Au sourire malicieux de Prouteau, nous comprenons que là est le cadeau. Nous tentons de percer le mystère de l'homme à l'écharpe. Il ne fait pas durer le suspens et retire celle-ci, laissant alors apparaître l'une des grandes stars du cinéma français : Alain Delon, en personne. Loin de s'attendre à une telle visite, nous sommes tous très surpris, et nous restons sans voix. Il nous dit être heureux d'être parmi nous.

– Je me sens particulièrement honoré de rencontrer les héros de l'intervention sur l'Airbus de Marignane. Je ne vais pas faire un long discours, poursuit-il. Je tiens juste à vous féliciter. À vous dire bravo. Et à vous demander de transmettre cela à ceux qui, à vos côtés, ont participé à cette opération. Il faut vraiment en avoir pour faire ce que vous avez fait. Vous en avez des comme ça.

Et il rajoute le geste à la parole en plaçant ses deux mains en un cercle large juste au dessous de la ceinture. Puis, tout en piochant dans les mets asiatiques, il passe de l'un à l'autre pour discuter. Avec moi, notre conversation s'oriente autour des enfants. Jamais je n'aurai cru pouvoir parler d'un tel sujet avec Alain Delon. Je lui avais simplement demandé quelle était la vie d'un acteur en dehors des plateaux de tournages.

– Organiser son planning en fonction des enfants. Car pour moi, le plus beau moment de ma journée est d'aller les chercher à la sortie de l'école en fin d'après-midi et les voir se précipiter dans mes bras ouverts. J'organise donc mon emploi du temps en fonction de ça. Et je partage ma soirée avec eux. Et cela fait de moi un homme heureux, avait-il conclu cette tendre discussion.

Ce fidèle du GIGN m'est apparu d'une extrême simplicité, loin des clichés renvoyés par certains médias. Après un long moment passé avec nous, sur son blaser marine et sa chemise bleue pétrole, il enfile son pardessus et, après nous avoir salué, remet son écharpe sur le visage pour retrouver les couloirs de l'hôpital. Par la suite, il prendra régulièrement des nouvelles de Thierry et nous retrouvera autour de tous les événements marquants de l'unité.

Juin 1995

Je suis de nouveau dans un avion d'Air France. Mais comme simple passager cette fois-ci. C'est nettement plus reposant. Plus confortable. Le vol est à destination du Japon. Osaka, précisément. Sur le siège voisin du mien, Frédéric, un jeune lieutenant tout juste sorti du stage de formation et affecté au GIGN depuis de courtes semaines. À ses côtés, je fais figure d'ancien. Lui arrive au Groupe. Je suis sur le départ. Dans moins de six mois, je vais quitter cette belle unité. Une page va se tourner. La plus belle et la plus riche de ma carrière. Et je suis accompagné de la dernière personne à avoir rejoint les hommes de Pasquier. Tout un symbole. Comme lors d'un relais. Le passage du témoin. De l'ancien vers le jeune.

Dans moins de six mois, un autre avion me transportera avec mon épouse et notre fils Romain vers la Nouvelle-Calédonie où je suis muté au tout début décembre. Denis, le patron du GIGN m'offre ce voyage vers le Japon comme un cadeau de départ.

Il m'a désigné, avec Frédéric, pour être celui à qui sera remis le prix Conway. Celui-ci récompense chaque année une personne, un groupe de personnes ou une entreprise ayant contribué à l'amélioration de la sécurité dans le secteur aéronautique. Il va régulièrement à des ingénieurs ou des industriels. Les membres du jury de cette institution ont souhaité, pour l'année 1994, l'attribuer à la compagnie aérienne Air France pour la façon dont elle a géré la prise d'otages du vol Alger-Paris. Christian Blanc, son directeur général, a refusé le Prix tout en leur faisant une proposition.

Il a ainsi demandé que celui-ci soit décerné au GIGN, principal acteur dans la résolution de ce détournement d'avion.

Voilà comment on se retrouve, après douze heures de vol, installé à l'arrière d'un taxi japonais dans le sud de l'île Honshu, pour une longue course de soixante kilomètres afin de rejoindre l'hôtel Hyatt. Au sortir de l'aéroport, nous traversons une campagne nippone faite de petites parcelles comme autant de pièces d'un puzzle. Mais très vite, nous abordons des zones de plus en plus urbanisées. Les bâtisses grossissent et grandissent au fur et à mesure que nous avançons. On sent que l'utilisation de l'espace est un véritable problème ici.

Informé de notre arrivée, le personnel de l'établissement de luxe nous accueille comme les invités de marque, c'est ainsi que nous leur avons été présentés. Nous nous installons dans une superbe suite aux tons pastels, élégamment meublée dans le style simple et dépouillé de la culture japonaise. Quelques fleurs blanches de nénuphars sur leurs larges feuilles vertes égayent la table basse. Sur la commode laquée, est déposée une large corbeille de fruits du pays. Et sur les oreillers des lits, un mot de bienvenue traduit en langue française ainsi qu'un chocolat enveloppé dans un emballage doré et deux bonbons confits au gingembre.

La salle contient plus de trois cents personnes venues du monde entier parmi lesquelles, néanmoins, une forte majorité nippone se dégage. Face à elles, nous nous installons, en tenues ornées de nos décorations, derrière les pupitres sur lesquels sont inscrits nos noms. À nos côtés prennent place Hilaire, un haut responsable de la sécurité d'Air France ainsi que le chef d'escale de la compagnie à Osaka. Deux longs discours se succèdent, respectant le protocole établi. Le premier est prononcé en japonais et suivi par une version anglaise. À l'issue de ceux-ci, je ne suis pas plus avancé. Je ne domine pas assez la langue de Shakespeare, quant à celle du Soleil Levant, c'est pour moi véritablement du chinois pour reprendre une expression qui, sans doute, ne les ravirait pas ici, au vu des relations diplomatiques sino-japonaises quelques peu tendues.

Derrière son micro, Frédéric répond par un beau discours au cours duquel je constate qu'il maîtrise parfaitement la langue anglaise. Souriant intérieurement, je me dis « qu'il ira loin ce petit ». Ce qui s'avèrera exact. Huit ans plus tard, il deviendra le commandant du GIGN. À l'issue, viendra la remise du prix devant un parterre de photographes. Comme dans les jeux télévisés, on nous affuble d'un gros chèque de près d'un mètre de long sur lequel la somme conséquente de dix mille dollars est inscrite. Dès notre retour en France, le vrai chèque, d'une taille plus modeste et donc plus pratique à transporter, sera remis par le GIGN au service social de la gendarmerie.

De retour dans la suite de l'hôtel après le traditionnel pot au champagne et petits fours ayant clôturé la cérémonie, nous nous défaisons de nos tenues pour nous étendre sur les lits depuis lesquels nous allumons le vaste écran de télévision. Et là, quelle n'est pas notre surprise d'assister en direct, sur une chaîne d'informations japonaise, à une prise d'otages sur avion se déroulant sur l'aéroport d'Osaka. Je propose à Frédéric, via le consulat ou l'ambassade de France, que l'on se mette à disposition des forces d'intervention locales pour, éventuellement, leur apporter notre expérience dans ce domaine. Je me serais bien vu aller sur place mais avant que Frédéric ait pu finir de composer le numéro de téléphone, le preneur d'otages avait été maîtrisé. Et ce, par les passagers ! Il n'était armé que d'un couteau en plastique. Au pays des kamikazes, il n'avait rien d'un guerrier.

Nous avons consacré le troisième jour à la visite de la ville surpeuplée d'Osaka. Et après cet agréable séjour, nous avons repris l'avion pour regagner notre doux pays où nous avons rejoint nos familles et retrouvé, avec un plaisir non feint, tous nos amis du GIGN.

Épilogue

26 décembre 1995 – Nouméa – Nouvelle-Calédonie

À tous mes amis du GIGN,

Depuis quelques jours, me voilà installé, avec ma petite famille, dans le décor de rêve d'une île paradisiaque au cœur d'un chaud climat.

Je compte vous faire parvenir une plus longue lettre d'ici quelques temps. Mais je tenais à vous adresser ce mot aujourd'hui même. En cette date du 26 décembre, précisément. Un an après, jour pour jour, avec ce qui restera l'événement le plus important de ma vie pour avoir, à vos côtés, libéré cent soixante-treize personnes grâce à notre action.

Pour l'instant, j'ai l'impression de ne vous avoir quittés que pour quelques jours de vacances. Et qu'à l'issue, je vais vous retrouver en suivant le chemin de mes pensées qui partent sans cesse vers vous. Il me semble que j'ai simplement rejoint la Nouvelle-Calédonie dont rêvait Philippe et qu'il avait évoquée devant un café que nous avions pris ensemble peu de temps avant notre décollage pour ce qui allait nous conduire à Marignane, terme de notre périple.

D'ici quelques jours, il me faudra réaliser et accepter que j'ai tourné la plus belle page de ma carrière et que d'autres me restent à écrire sous les tropiques.

Je veux vous souhaiter, en même temps que les traditionnels vœux, de profiter pleinement de votre passage dans cette merveilleuse unité. Sans délaisser, le moins du monde, les personnes qui vous sont chères, qui vous aiment et que vous aimez. L'équilibre à trouver est là pour vivre à fond l'aventure exceptionnelle qu'est un parcours au GIGN.

Aidez-vous des bons vents et n'oubliez pas la phrase souvent prononcée par Christian Prouteau : vivez chaque jour comme si celui-ci était le dernier.

À vous tous et à Denis, plus particulièrement, je tiens à dire que le soleil brille plus sur Pasquier que partout ailleurs sur la planète. Parce qu'il est en chacun de vous.

Roland

Remerciements

Christian Prouteau, créateur du GIGN, qui a permis à nous les anciens de vivre une aventure extraordinaire et aux opérationnels d'aujourd'hui de la vivre pleinement.

Denis Favier, grand chef, meneur d'hommes, doté d'immenses qualités humaines.

Jacques Cartier, Michel Camus, Serge Roquin, qui nous ont formés, voire déformés (pour la bonne cause) en 1982, et nous ont inculqué l'esprit GIGN.

Philippe Lorand, chef de Groupe opérationnel, droit et fidèle, nos idées et nos réflexions n'ont eu qu'un seul but, faire progresser le GIGN, dans l'esprit GIGN.

Michel Lefevre, chef de Groupe opérationnel, admiré et respecté, un exemple pour nous tous. Nos dynamiques séances de musculation nous ont permis à tous les deux de devenir champion du Monde de Force Athlétique.

Lionel Chesneau, qui a cru en mes capacités, en me confiant la responsabilité d'un groupe opérationnel.

Hervé Quataert, mon binôme à l'occasion de nos missions spéciales.

Marco, Fifi, Régis, Christian le gitan, Puce, Jarqui, l'Écureuil, Jacques, Pascal C, Dédé, Eric M, J mich A, Pascal A, Jeff B et T, Aroc, Lolo mes potes du Groupe deux.

Le gros Christian, Bull, Bouts et tous ceux que j'ai formés voire déformés (pour la bonne cause).

Daniel Fradet, qui est plus qu'un ami, un frère.

Gary Ellis, un ami et un fidèle du GIGN.

Gilles Cauture, pour avoir participé à l'écriture de cette histoire, en mettant toute son énergie, son cœur et son talent pour m'aider à la réalisation de ce livre que nous avons voulu le plus authentique possible.

Bernard Dhellemme, pour son attachement à l'unité, ainsi que ses précieux renseignements.

Christophe Metais, pour ses conseils avisés et au Lieutenant-Colonel Levoyer, pour l'aide qu'il m'a apportée dans la recherche de la maison d'édition.

Stéphane Deplus, éditeur passionné et compréhensif.

Tous ceux qui m'ont aidé, encouragé, ou soutenu à diverses occasions tout au long de ma carrière.

Annexes

- *Vision globale de l'assaut - plan de l'Airbus A300*

- *Croquis 1 : position à l'ouverture de la porte avant droite*

- *Croquis 2 : position après cinq secondes*

- *Croquis 3 : arrivée du trinôme de la porte arrière gauche*

- *Lettre au GIGN*

Vision globale de l'assaut

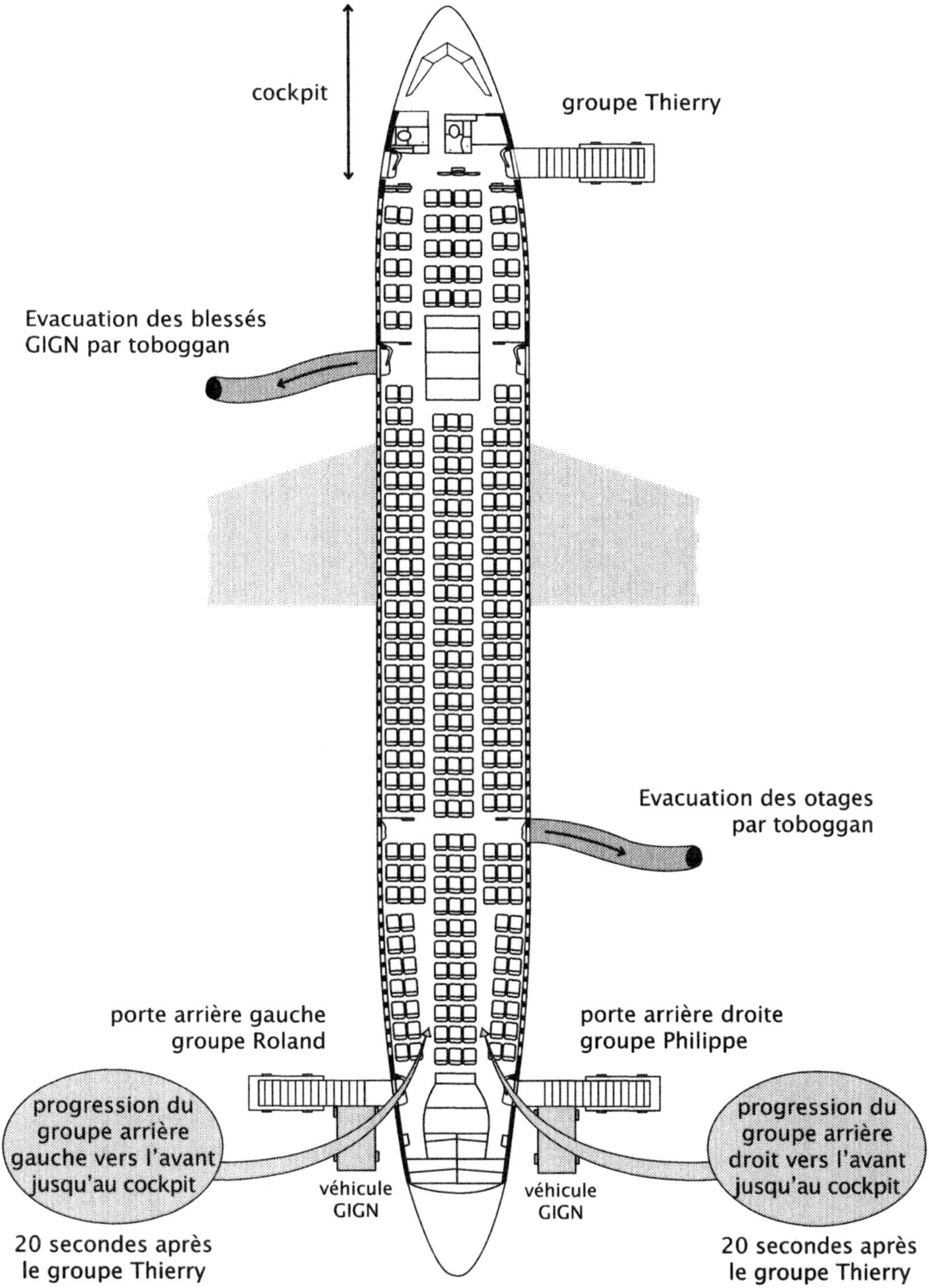

Positions à l'ouverture de la porte avant droite

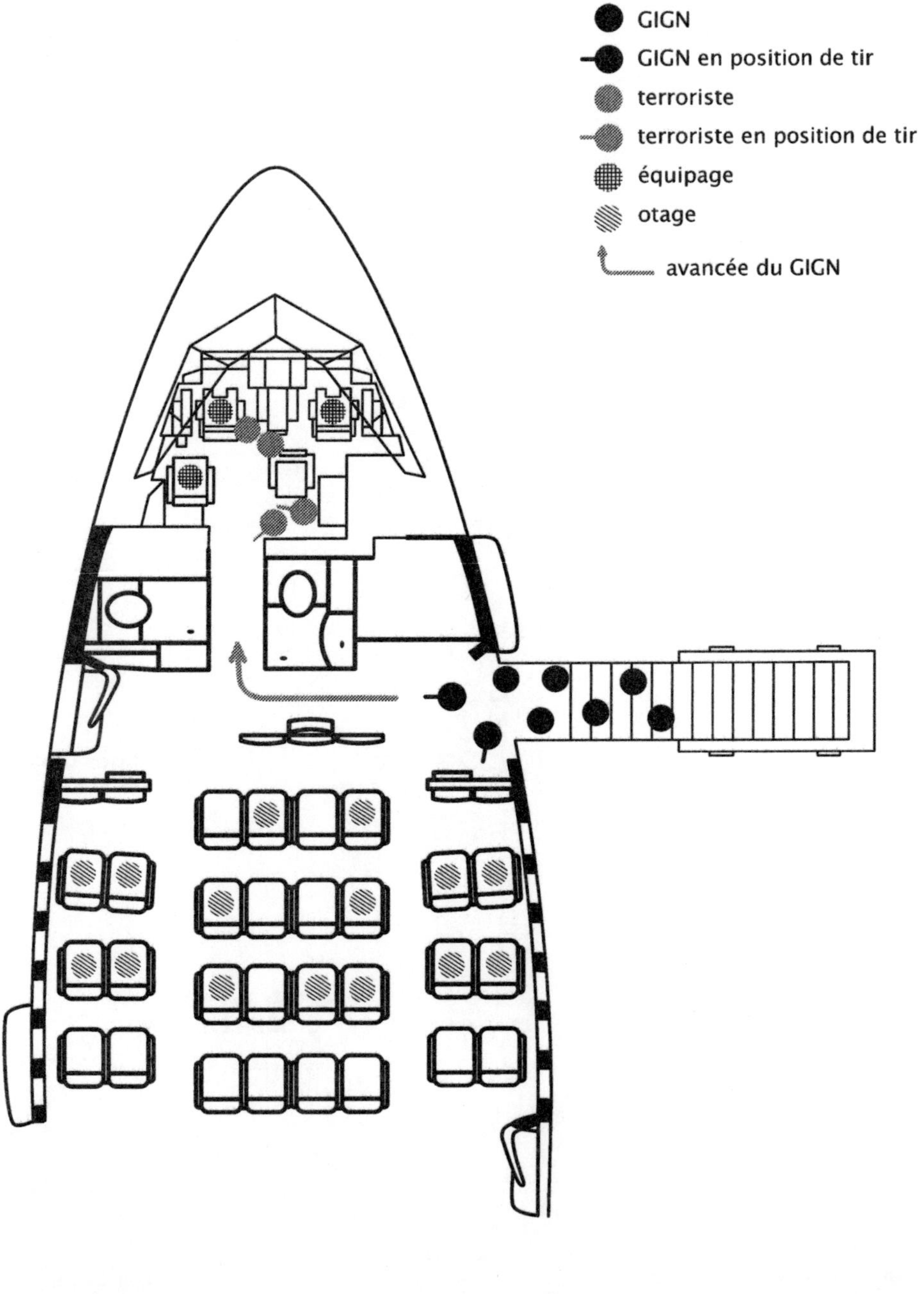

Positions après 5 secondes

Bouclier humain par le GIGN, évacuation des passagers

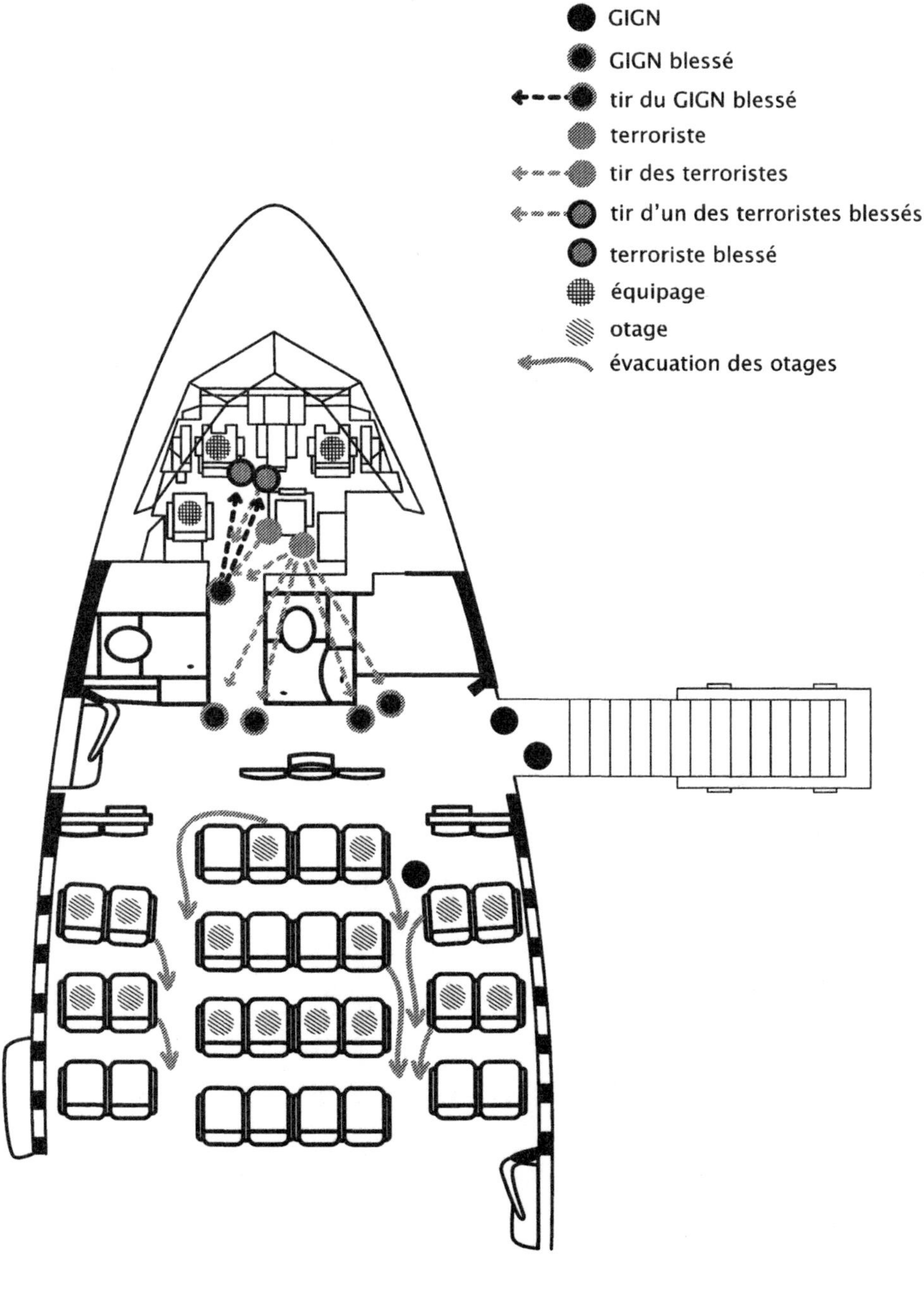

Positions du trinôme de la porte arrière gauche

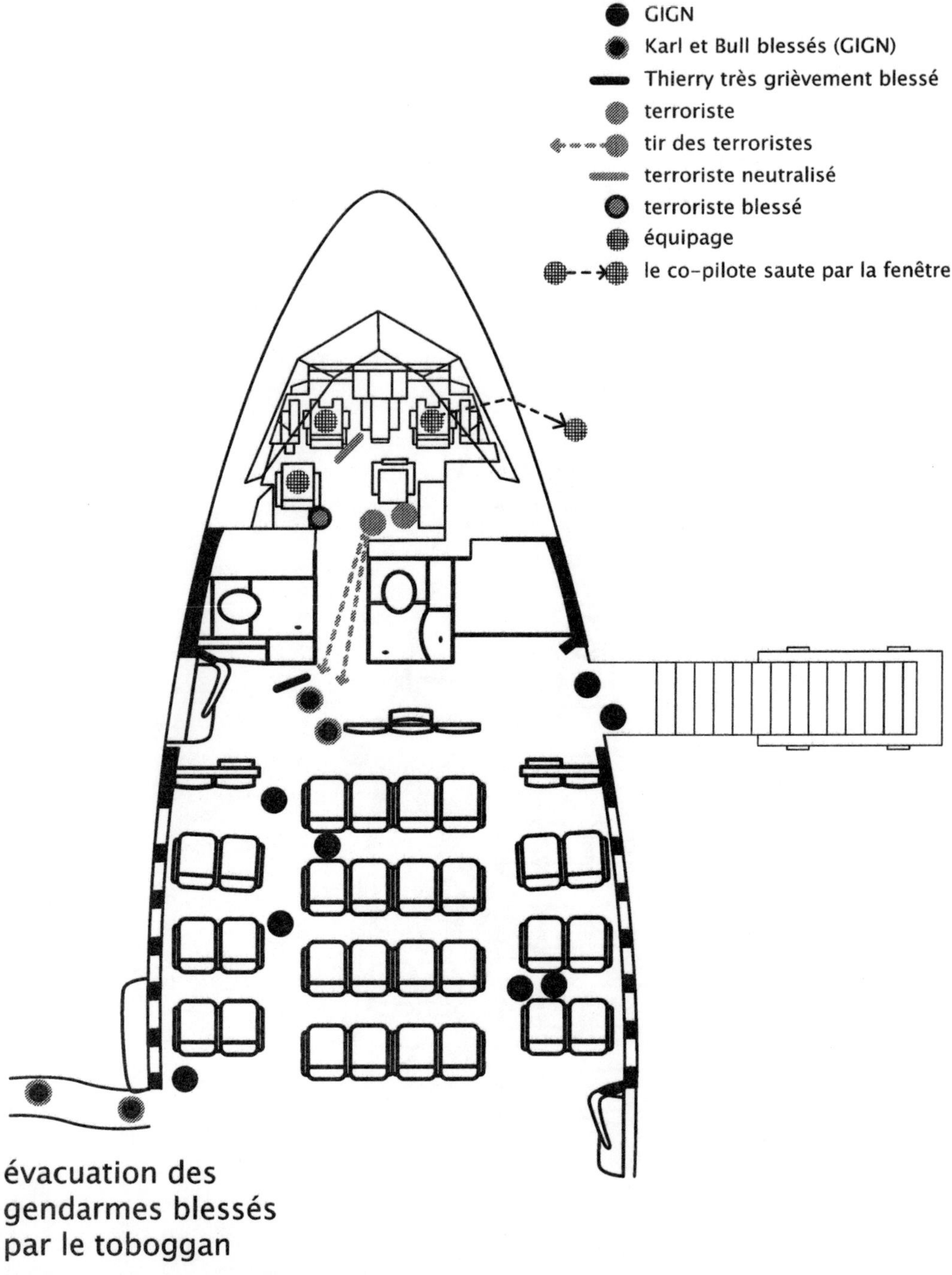

Lettre au GIGN

Dans les jours qui suivirent l'intervention de Marignane, les hommes du GIGN reçurent un abondant courrier de provenances très diverses. Des personnes âgées aux plus jeunes enfants, des anonymes aux personnalités les plus connues, ils furent très nombreux à vouloir témoigner leur soutien, leur reconnaissance, leur admiration...

Parmi ces lettres, en voici une assez représentative, d'un enfant, exemple parmi tant d'autres...

le GIGN

Je vous félicite pour votre courage.
Vous voyez que quatre terroristes pouvez
créer toute une histoire, mais une histoire
qui se termine bien grace à vous. Je
ne suis encore qu'un petit enfant
mais je n'ai jamais vu un courage
comme celui là. Vous êtes cent en France
au Debut je croyais que cent ce n'était pas
beaucoup. Mais avec un courage comme celui là
c'est comme si vous étiez 1000 000 000 et
ce que je dis je le pense vraiment.

Antoine 9ans

Sommaire

Achevé d'imprimer en mai 2007
sur les presses numériques de l'Imprimerie Maury S.A.S.
Z.I. des Ondes – 12100 Millau
Dépôt légal : mai 2007
N° d'impression : D07/40888 L

Imprimé en France